这样表扬孩子
进步快

这样批评孩子
改正快

陈靖昕　著

台海出版社

图书在版编目(CIP)数据

这样表扬孩子进步快,这样批评孩子改正快 / 陈靖昕著. -- 北京 : 台海出版社, 2019.5
ISBN 978-7-5168-2346-0

Ⅰ.①这… Ⅱ.①陈… Ⅲ.①家庭教育 Ⅳ.①G78

中国版本图书馆 CIP 数据核字(2019)第 076695 号

这样表扬孩子进步快,这样批评孩子改正快

著　　者:陈靖昕	
责任编辑:员晓博	
装帧设计:快乐文化	版式设计:通联图文
责任校对:唐思磊	责任印制:蔡　旭

出版发行:台海出版社

地　　址:北京市东城区景山东街 20 号　　邮政编码:100009
电　　话:010-64041652(发行,邮购)
传　　真:010-84045799(总编室)
网　　址:www.taimeng.org.cn/thcbs/default.htm
E - mail:thcbs@126.com

经　　销:全国各地新华书店
印　　刷:北京鑫瑞兴印刷有限公司
本书如有破损、缺页、装订错误,请与本社联系调换

开　　本:640mm×960mm　　　　　1/16
字　　数:160 千字　　　　　　印　　张:13.75
版　　次:2019 年 6 月第 1 版　　印　　次:2019 年 6 月第 1 次印刷
书　　号:ISBN 978-7-5168-2346-0

定　　价:39.80 元

我是一位妈妈,也是一名教师。

我有一个10岁的儿子,和我的学生年龄相仿,所以,本书也可以说是我的家庭教育实操手册。

书中主要分析每一位家长在教育孩子的过程中会遇到的问题——如何表扬孩子,如何批评孩子。

一、表扬

俗话说"数子十过,不如奖子一长","聪明孩子都是夸出来的"。对孩子夸奖、鼓励与赞赏,在家庭教育中不可或缺。

我的儿子在学吉他,如果他发现我对他有一点不满,他就会很失落,吉他自然弹不好;若是我忍住心中的怒火,对他加以鼓励,与他说笑,他就会很开心,吉他自然也弹得很好。

由此我会想:我生他养他,自然了解他,但是,我没有办法让所有人都了解他的感受,所以,我需要教他如何面对挫折,变得越来越坚强。

因此,我会表扬他:"儿子,你能弹吉他给妈妈听,真是太令妈妈感动了。"同时,我也会心平气和地指出他在弹奏中犯的错。这样一来,他弹奏吉他的水平就会很快得到提升。

二、批评

父母经常责骂孩子，而孩子仍不听管教的现象普遍存在。我也经常会责怪我的孩子："为什么我说的话你总是记不住？"这时，我的儿子就会顶嘴："我记住了，但总是会写错，我能怎么办？"后来我才明白，其实父母责备孩子的话孩子都记得，只不过他们的自我意识和自我约束力较弱，所以经常会出错，甚至重复犯同一个错误。

如果父母没弄清楚孩子的实际情况，就一味地责骂孩子，孩子会感到很伤心，也会很委屈。

而孩子的这种心情，又有多少父母真正地了解呢？

我以前教育孩子，引导的情况很少，通常都是上来就批评一通，效果可想而知。

批评和引导是相互关联的，需要把两者结合起来，少一点批评，多一些引导，才能达到最佳的教育效果。

我希望为人父母者，在教育孩子的过程中，能够合理地对孩子进行"表扬"与"批评"。

那么，如何表扬才能激发孩子的兴趣，又不让孩子产生自大的心理呢？又该如何批评才能既纠正孩子的错误，又不使孩子自卑呢？

我将用朴实的语言对大量案例进行分析，让大家学会如何正确引导孩子，让孩子健康快乐地成长。

目录
CONTENTS

第一章

好孩子是夸出来的

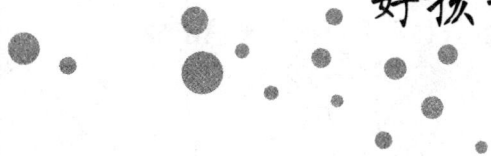

1. 多对孩子说一些鼓励赞赏的话

适当地赞赏孩子的行为可以帮助孩子保持良好的心情和心态。孩子对自己的看法往往取决于身边人的评价,尤其是他的父母,可能一个表情或一种态度就能够给孩子带来久远的影响。

在一次幼儿园的家长会上,老师对一位年轻的妈妈说:"你家孩子太好动了,在班里上蹿下跳,一刻都不消停,直接影响到其他小朋友了,我建议你带他去医院检查一下是不是有多动症?"

在回家的路上,这位年轻的妈妈一直心事重重、沉默不语。孩子主动问她:"妈妈,老师都跟你说什么了?"这时,妈妈突然意识到自己的情绪可能已经影响到了孩子,她灵机一动,对孩子说道:"她说你以前特别好动,坐不住,现在你比以前进步了很多,跟我特地表扬你了呢!还让我鼓励你继续保持进步哦!"

那天晚上,一向需要妈妈喂饭的小家伙,自己吃完了饭,而且吃得比以往还多。

孩子上了小学，在一次家长会上，班主任老师对妈妈说："你家孩子的成绩一直排名靠后，很简单的题目，单独给他讲解两遍，再做照样不会，对他，我真的无能为力了！"

回家后，妈妈语重心长地对孩子说："老师说，你还有很大的进步空间，只要你肯努力，他相信你一定可以取得更好的成绩。妈妈也会和你一起努力！"

孩子上了高中，在一次会考结束后，班主任老师专程给妈妈打电话说："你家孩子虽然一直在进步，但是想考上重点大学，还需要再加把劲儿，否则，以他这次的考试分数，只能上个普通二本。"

妈妈在孩子放学后，找到孩子谈话："今天班主任老师给我打电话了，他说你一直在进步，很有希望考上重点大学，所以，你要加油哦！"

后来，孩子将名牌大学的录取通知书交到妈妈手上，动情地说道："妈妈，没有你一路走来对我的鼓励，给我的信心，我不可能考上这所学校。"

一位教育家曾经说过：孩子就是如此，你认为他是什么样的人，他就会成为什么样的人。

你对孩子的评价是正面的，孩子就会朝正面去努力；你对孩子的评价是负面的，孩子就会朝负面去发展。所以，教育界才有"赏识教育"的理念存在。

父母多给予孩子"你是好孩子""你是最棒的"之类

的夸奖，孩子就会依照你对他的这些评价来规范自己的言行。

在孩子的成长过程中，培养他们的自信心非常重要，有了自信，孩子面对困难就能自己克服，努力向上，积极快乐地生活。所以，千万不要对孩子说诸如"笨蛋""我看你是没救了""把你的嘴闭上"之类打击自信心的话，否则孩子很容易就会变得灰心，从而影响孩子的心理成长。

王梅在刚当美术老师的时候，遇到过一名叫萍萍的学生，王梅之所以格外关注这名学生，是因为萍萍总是频繁地对王梅说自己不会画。这让王梅感到很疑惑，因为她看过萍萍的画，她觉得刚学画画的小朋友，能画成那样已经很不错了。后来，王梅找了一个合适的机会，与萍萍聊了一会儿，这才了解到，萍萍的母亲从来不会评价萍萍的画，也不会把她的画贴在墙上以作表扬。

一次，萍萍的妈妈来接萍萍回家，王梅趁这个机会与萍萍妈妈聊了聊。王梅问萍萍的妈妈觉得孩子现在画得怎么样，萍萍妈妈脱口而出："不好。"接着，王梅又问道："是因为觉得萍萍画得不好，才让她继续画下去吗？"萍萍的妈妈说："是因为觉得萍萍画得有进步，所以才让她继续画下去的。"

王梅听了继续问："那您平时有没有夸过萍萍呢？""没有。"萍萍的妈妈解释道，"我不想让她骄傲。"

王梅和萍萍的妈妈说了自己的想法："我觉得鼓励对孩子来说是很重要的。萍萍的进步很大，我经常会在课上表扬她，但她好像不太自信，我觉得她可能更需要妈妈的鼓励。"萍萍的妈妈听了老师的话，觉得很有道理，于是决定按照老师说的去做。

果然，这次谈话之后，萍萍比以前自信多了，画画水平也有了很大的进步。王梅一如既往地表扬萍萍，鼓励她。又过了几天，萍萍跟王梅说，她的妈妈把她的画贴在了墙上，家里的亲戚看了都在夸她，她特别开心。

很多父母因为担心孩子骄傲，所以从不表扬孩子，这样做往往会让孩子觉得自己的努力得不到肯定，进而变得自卑和气馁，这么一来，自然没有动力去学习。所以，父母应该多鼓励与表扬孩子，这样孩子自然能学得更开心，变得更自信，他们对学习也会持积极的态度。

2. 每一点进步都值得赞美

目标不会一下达成，需要一步一步慢慢去实现。孩子的心理承受能力是很弱的，在大人看来只是随便一句批评，说完就忘了，但在孩子心中却很严重，因为他们很在乎大人对他们的看法。因此，当孩子有进步时，父母一定要记得称赞孩子，哪怕只是进步一点点。

笑笑小的时候性格内向，反应总是比同龄的孩子慢一些。有一次在班里做游戏，她的同学嘲笑她笨，这让笑笑感觉很伤自尊，她哭着跑回了家。妈妈听到女儿委屈地说完事情的经过后，笑着对女儿说："我女儿才不笨呢，这么好看的字谁能写出来？"其实，那些所谓的"好看的字"都是笑笑平时在本子上练习写下的字，歪歪扭扭，看着一点也不规范，但笑笑每写一篇，妈妈就收一篇，总是夸她比昨天写得好，这让笑笑对写字有了很大的信心。后来，笑笑喜欢上了书法，妈妈便送笑笑去学习书法，在笑笑练习的时候，妈妈总会带着赞扬的语气说："我女儿进步好快呀，这样练下去，我女儿很快就能成为小书法家了。"在妈妈的鼓励下，笑笑后来在市里、省里举行的书法大赛中多次获得大奖，还拿过一次国家级书法奖。

笑笑长大后，以优异的成绩考入了北京大学。当别人问到她为何能取得这么好的成绩时，她感慨万分，说她之所以能走进北京大学校门多亏了小时候妈妈的鼓励。

孩子的未来既掌握在自己的手中，也掌握在父母的手中。所以，为了孩子能够自信地成长，将来能有一个好的发展，多去鼓励与赞美我们的孩子吧！

铃木先生是一位著名的教育家，在日本家喻户晓。据说，他每年都能培养出700名接近小莫扎特水平的小神童，因为他找到了教育孩子学说话、走路的最佳方法，并将这个方法用于小提琴教学中。

有一位母亲慕名而来，找到了铃木先生。这位母亲问道：“听说您认为所有的孩子都是小提琴家，我不太相信。我的孩子练了好几年的小提琴，一直都没什么进步，您能教好他，我才会相信您说的话。”

铃木笑了笑，随这位母亲去她家里看了她7岁的孩子。

这位母亲让孩子演奏一段给铃木老师听。小男孩一看是铃木大师，特别紧张，断断续续的，拉得十分难听。这位母亲对孩子的表现极其不满意，一直皱着眉头。

这时，铃木突然搂住孩子说：“你拉得可真棒，能不能再拉一段给我听听？”

孩子面对突如其来的表扬有些意外，也有些害羞，他红着脸又拉了一段，这一次效果要好一些。

然后铃木又让孩子拉了几次，而且每次都对孩子的表现加以表扬。当铃木要离开的时候，孩子已经完全沉浸在小提琴的世界里，拉得特别卖力。

这位母亲在送铃木走的时候，不解地问道："铃木先生，我不太懂，他拉得那么难听，您为什么要夸奖他？"

铃木回答道："你露出不满意的表情，已经让孩子的心灵受到了伤害，我刚才是在治疗他的心病。我第一次表扬他时，他的眼睛一亮，这说明孩子的内心受到了触动，然后他就开始转变了，随着我每次对他的表扬，他拉得越来越好了。"

后来，铃木先生专门辅导这个孩子，一边教授一边鼓励，不出两年，这个孩子就有了突飞猛进的进步，水平甚至达到了可以举办独奏音乐会的程度。

作为孩子最亲的人，父母应该去表扬孩子，这样孩子心里就会感到喜悦，进而充满活力，并发挥出超出常人的能力。

孩子每完成一个活动、一项计划，都会开心，但这种开心，只是一种模糊的自我理解，和他们在活动中实际达到的水平并没有直接的关系，但和他们的父母、教师、同学以及其他重要的人对他们的评价是有关系的。因此，如果父母能对孩子的行为做出表扬和积极的评价，即使只是认可地点点头，孩子也会萌生成就感，从而拥有更多的自信心。

3. 夸孩子勤奋比聪明更有效

　　孩子总是受到父母的称赞，时间久了会让孩子产生一种错觉——因为自己聪明才能取得好成绩。这样会使孩子对自己的真实能力产生误解，而且做事情只做成功的打算，不去想失败的可能。一旦他们遇到了困难，或者失败了，他们就会认为是自己不够聪明，而不知道自己之前成功的原因，于是，他们就会对学习逐渐失去兴趣，丧失奋斗的目标。这对孩子的成长来说，是非常不利的。

　　所以，父母若要夸奖孩子，不能只夸孩子聪明，还要适当地肯定孩子的勤奋。这是在向孩子灌输一种积极的思想意识，也是一种正确的鼓励孩子接受更多挑战的教育方法。这样做不但可以引导孩子在遇到困难的时候不退缩，还能给孩子指明成功的方法，让孩子找到努力的方向。

　　被夸聪明和被夸勤奋的孩子，对努力的认知是不同的。孩子被夸勤奋，即使没能得到他们所期望的结果，他们也会觉得自己的努力是被认可的，所以他们会继续努力，坚持把事情做好。

　　聪明与否，不是我们能够左右的，更是孩子自身无法控制的。但是，勤奋与努力却是孩子可以掌控的，正如"发明大王"爱迪生说过的一句名言：所谓的天才是由百分之九十九的努力加上百分之一的灵感而成的。

所以，作为父母，一面要实事求是，一面要在肯定孩子能力的同时，让孩子知道自己的成绩是因勤奋得来的。这样孩子才能意识到，不只是聪明，还要勤奋才能真正取得成功。

教授的女儿长得很好看，但是他严禁别人夸她好看，因为他觉得那样对女儿的成长无益。

一次，教授的一名学生乔宇去拜访他，一进门，乔宇就看到了教授5岁的女儿。看女孩儿长得如此漂亮，他顿时心生赞叹，赶紧把自己带去的礼物送给了小女孩，小女孩接过礼物后非常懂礼貌地道谢，这让乔宇忍不住夸赞道："真是个有礼貌的孩子，长得还这么漂亮。"

这时，站在旁边的教授表情却很严肃，他让女儿回屋去玩，然后对乔宇说："你不应该夸我的女儿漂亮。"

乔宇非常不解，问道："为什么啊，老师？"

教授认真说道："你可以夸奖她有礼貌，因为这是她自己努力的结果。但是你夸她漂亮，就可能是在害她。因为她的漂亮是天生的，而非后天努力得来的。她还是个孩子，你夸她漂亮，会让她误以为，漂亮是她的一种资本，让她产生想要炫耀的心理，从而不愿付出其他努力，这会让她陷入一种自我认知的误区。"

乔宇听了教授的话觉得很有道理，于是在走之前，小女孩向他道别的时候，乔宇只是在礼貌的问题上赞扬了小女孩，没有再提她精致的长相。

当孩子在学校或其他领域表现出色时，不要将其归因于先天优势，而应多关注孩子的努力。应该让孩子知道，是因为他足够努力，才取得了优异的成绩。

父母怎样才能更好地赞美孩子的努力和勤奋呢？这里总结了几点以供参考：

（1）为孩子设定"小目标"。

不要认为赞美仅仅是对孩子的口头表扬。为孩子的实际情况设定一个能够达到的小目标，本身就是一种有效的鼓励。

这个目标应该如何设定呢？

首先，父母应该正确认识孩子的实际能力。

其次，设定目标时，父母应该和孩子一起做决定。这不仅能帮助父母倾听孩子的想法，还能让孩子更有动力。

再者，如果父母不确定孩子的情况，最好咨询孩子的老师。

（2）强化孩子的目标意识。

让设定的目标在孩子的脑海中扎根。例如，你可以把目标写在纸上，然后贴在墙上。如果设定的目标有时间期限，你可以为孩子做一本"目标日历"，并在上面明确标记目标完成的日期。

（3）不要过分强调孩子的潜力。

不要太过于强调孩子的潜力。对孩子们说"肯定可以做到"只对某些孩子有效，而对那些天性胆小的孩子来说，这样做可能会增加他们的心理负担。

（4）不妨用激将法激励孩子。

表扬孩子的努力和勤奋是激励孩子的重要手段，这是很有效的。因为每个孩子都想取悦父母，每个孩子都相信父母的权威。表扬你的孩子，并对他们的努力加以肯定，孩子就会和你更加亲近，也会更加乖巧听话。

4. 借他人之口来赞赏自己的孩子

如果父母总是表扬孩子，孩子就会习以为常，那么，父母的表扬对孩子的帮助就没那么大了。这时，就需要父母另寻他法来增加孩子的自信，比如，借别人之口表扬孩子。

宋丽不仅在事业上取得了不错的成就，在教育孩子方面也很成功。

宋丽的孩子上小学时很偏科，对语文感兴趣，却不喜欢学数学，所以总分偏低。

一次，儿子对宋丽说："妈妈，学校给我们测智商了。老师说我右脑更发达，形象思维能力强，但是数字概念差，所以我语文学得比数学好。我感觉我的数学成绩也就那样了。"

宋丽惊讶地说："是吗？有时间我去和你们班主任谈谈。"

后来，宋丽真的去学校找老师沟通了，他们私下商讨了纠正孩子偏科的方法。宋丽当天回家后很认真地对儿子说："儿子，我今天去学校问老师了，他说他把测试结果弄错了，你明明是左脑更发达一些，适合学数学，努力的话，成绩一定比语文好。"

儿子听了非常开心，一再确认老师是不是真的这么说的。后来，儿子去学校，又问了测试的结果，老师也说是自己之前弄错了，他这才真的相信，认为自己适合学习数学，于是对数学提起了很大的兴趣。

通过别人之口表扬孩子，有助于孩子正确认识自己在他人心中的印象，而且对他与人交往有很大的好处。当孩子不知道别人是怎么看待自己的时候，抓住机会，适当地给孩子传递一些信息，让孩子知道别人对自己的评价，了解别人对他的赞赏，这样有助于增强孩子的自信心。

一天，张华突然和妈妈说："妈妈，我感觉老师和同学们都不喜欢我，为什么呢？"

"宝贝，为什么这么说？"妈妈疑惑地问张华。

张华难过地说："我也不知道，这个学期，英语老师上课时从来不叫我回答问题，就连我的作业本上也没有他批改的痕迹，我猜老师肯定都没看我的作业。妈妈,你说他是不是不喜欢我呀？"

"那你为什么说同学们也不喜欢你呢？"

"因为班级里有一些同学好像不愿意和我说话，有时我主动找他们聊天，他们都刻意躲开我，我也不知道为什么，我有这么让人讨厌吗？"张华越说越感到难过。

"你先不要自己胡思乱想，老师和同学这样做，可能有他们自己的原因，等有时间妈妈找老师谈谈，好吗？"

张华听后点了点头。

过了两天，妈妈把张华叫到身边，温柔地对她说："我去找过你的英语老师，也和你的班主任沟通了，你想知道他们是怎么说的吗？"

张华着急地说："怎么说的？是不是我做了什么错事？是不是我有什么地方让他们很讨厌？"

"没有，他们没有讨厌你。你的英语老师说，你一直都很努力，是个懂事的好孩子，所以他觉得，即使不经常提问你，你也会认真学习，他没有看你的作业是因为他知道你一定会认真地完成作业，这是对你的信任。你的班主任告诉我，确实有几个同学不太和你说话，那是因为他们都是今年刚转学过来的，和你还不太熟悉，而且，他们都知道你学习成绩好，所以在你面前可能有些自卑，不太敢跟你说话。"

听了妈妈的话，张华想：英语老师虽然不常提问自己，但是对自己的学习还是很关心的，而且每次考试之前都会鼓励她；还有那几个刚刚转学来的同学，虽然不太和她说话，但看她的眼神里却没有一点敌意，反而好像是有点害羞。这样一想，张华突然不难过了。

"你看，老师和同学都很看重你，所以，你以后要更加努力地学习，不能辜负他们对你的信任！"妈妈不失时机地鼓励着张华。

"嗯，我知道了，妈妈。"张华开心地说。

后来，张华的成绩变得越来越出色。不仅如此，在她的帮助下，刚转学来的几个同学的成绩也有了很大的进步，他们在共同学习和互相帮助的过程中成了很好的朋友。

作为家长，应该经常和孩子的老师、同学聊聊自己的孩子，了解别人对自己孩子的看法，然后将别人的夸赞转告给孩子，如告诉孩子："老师说你是个勤奋的孩子。""你的同学都喜欢和你在一起玩。"这样可以正确引导孩子的心理成长。而当了解到别人对自己的孩子有意见时，家长也应该通过委婉的方式向孩子传达，帮助孩子对自己的缺点与不足加以改正，如，家长可以对孩子说："他们说你很和善，不过要是可以多和他们在一起玩就更好了。"
先表扬孩子，再说出孩子该怎么做效果更好，这样既不会
伤孩子的心，也能让孩子更加努力。

5. 发现并放大孩子的优点

美国成功学励志专家拿破仑·希尔曾经说过："每个孩
子都有许多优点，而父母却总是盯着孩子的缺点，认为只
有管好孩子的缺点，才能让孩子更好地成长。其实，这样
做就像蹩脚的工匠，是不可能造出完美的瓷器的。"

家长应充分发挥积极有效的教育作用，尽自己最大的
努力去发现和放大孩子的长处。真诚地表扬孩子的长处，
能让孩子拥有纠正不正确行为的动力，从而建立起自信。
对待有不良行为的孩子，更有必要去努力寻找他们的长处，
即使那些长处很微不足道，父母也应该真诚地鼓励与引导
孩子。

伟大的西班牙画家毕加索就是在父亲何塞的表扬下健康成长起来的。毕加索在艺术方面天赋异禀，他能完美地剪纸，并创作出许多令人惊叹的画作，邻居们都很钦佩他，直夸他是"天才"。

然而，他并不是一个合格的学生，上课对毕加索是种折磨。对他来说，教室就是最恐怖的存在。在课堂上，毕加索要么坐在座位上天马行空地幻想，要么就观察窗外的树木和鸟儿，总之，就是不会去听课，更不会完成老师布置的作业。

他似乎从未学明白过那无聊的算术。有一次，他无助地对父亲说："一加一等于二，二加一等于几我根本就没想过。并不是我不去尝试，而是我努力地去集中注意力，但就是做不到。"因此，毕加索成了班上所有学生取笑的对象。这些淘气的孩子们总是喜欢到他的书桌前戏弄他："毕加索，二加一等于几？"就连老师都认为这个孩子智力很低，根本教不了。老师经常在毕加索的父母面前形容他"痴呆"的症状，毕加索的母亲觉得很羞耻，也很愤怒。之前夸毕加索有绘画天赋的邻居们也在私下里议论："看，这个笨孩子只会画画。"当时，几乎所有人都认为毕加索是个低能儿。

虽然邻居们对毕加索指指点点，但毕加索的父亲却坚定地相信自己的儿子虽然读书不行，但他的绘画天赋是大家有目共睹的。对于毕加索来说，父亲可以理解他、欣赏他、支持他是让他感到最幸福的事情。

毕加索的父亲总是对儿子说:"你不会数学并不意味着你别的事情也做不好。你的绘画能力是同龄孩子都比不过的。"毕加索听着父亲坚定的语气,变得自信了起来。毫无疑问,毕加索似乎可以毫不费力地画出精彩的作品,他不再去在意自己在学业上的"无能"。

在父亲的支持下,毕加索每天都在想象的世界中遨游。虽然他觉得功课是一种折磨,但他在绘画世界中找到了乐趣,最后成为一代绘画大师,是当代西方最具创造力和影响力的艺术家。

毕加索的成功是他天分与后天努力的结果,但也有他父亲的功劳。在他饱受嘲笑、遭受质疑的时候,正是他父亲坚定不移地支持他、鼓励他,才使得他找回了自信,努力发挥自己的长处。

每个孩子的成长都需要父母的关爱。如果他的父母爱他,他会认为自己是可爱的,是这个世界不可或缺、独一无二的;如果他的父母打击他、责备他,他就会变得很脆弱,像鸟儿的翅膀被锋利的剪刀剪断一样,再也飞不起来。

许多父母也想要赞美孩子,但总是找不到可表扬的优点。面对这种情况,作为父母,你可以这样做:

(1)用全面的眼光看待孩子。

不要只关注孩子的学习成绩,孩子的性格爱好、文明礼貌、劳动表现、人际交往关系、动手能力、卫生习惯等,做得好一样应该被夸赞。父母们观察得越多,就越容易发现孩子身上值得称赞的地方。

甚至对于学习本身，父母们也应该进行全面分析，而不仅仅只看最终成绩。比如，孩子学习是否认真、课程的理解程度如何、作业是否完成得很好、书写是否整洁、是否可以使用参考书、是否愿意请教老师、有没有预习与复习功课的习惯等，每一方面都分析一下，也可以发现孩子的优点。

（2）用发展的眼光看待孩子。

只要在观察孩子的时候用点心思，就能看到孩子的进步。比如，孩子分析问题的能力有了提高，对某些知识的认知能力加强了，对一些人或事的看法有了改变，完成作业的效率提高了，对某些活动感兴趣了，具有很丰富的想象力等，每一个细节都能体现孩子的成长。

最重要的是对比孩子的过去和现在，关注孩子一点一滴的改变，而不是一味地将孩子与别的孩子做对比。

父母不应该因为自己的高标准而认为孩子的小小进步微不足道，反而应该重视这些小的进步，因为优势是逐步发展的，不是一次形成的。

（3）对孩子要具体事情具体分析。

构成事态的发展需要很多因素，面对孩子的任何问题都应该从各个角度去分析与考虑，以免以偏概全，盲目地下结论。

例如，如果孩子的作业做得不好，有很多错误，父母应该分析一下错误的原因，看问题到底是出在粗心上还是缺乏理解上。如果是缺乏理解，是自己没复习的原因，还是在老师讲课的时候就没听懂。从不同的角度，根据不同的因素，具体事情具体分析，才能找出问题的根源，并且找到解决问题的办法。

在分析过程中，肯定什么或者否定什么，父母心里应该有个权衡。不管是表扬孩子还是批评孩子，只要能从实际出发，孩子都会听得进去。

(4) 夸孩子的优点要讲究科学方法。

家长要注意，表扬要适度，不要夸大，不要无故贬低；表扬要明确，让孩子知道自己哪方面受到了表扬；还要注意表扬的时间和场合，要考虑到孩子的年龄与性格特点，对于容易骄傲的孩子要适当降低表扬的频率，提高标准要求，对信心不足的孩子要通过肯定与鼓励培养孩子的自信；此外，还要注意表扬的方法，如口头表扬、手势赞扬、物质鼓励等，根据孩子的喜好和表扬的内容去选择合适的方法。

在和孩子打交道时，表扬越多，孩子的优点就越能显现出来；而经常训斥孩子，孩子的缺点也可能会随之而来。

总之，表扬是父母给孩子的最实际有用的礼物，既能拉近自己与孩子的关系，也能让孩子变得越来越优秀。

6. 要掌握夸奖孩子的技巧

不管是大人还是小孩，人人都喜欢被赞美。经研究发现，夸奖的方式不同，所起到的作用也不同。

有一位著名的博士生导师曾在演讲的时候谈到了自己的经历："当我上小学时，我是一个顽皮的孩子，我的父母都觉得我以后没什么前途。在一次班会上，班主任当着全班同学的面表扬了我，说我的顽皮与淘气是原创的，说我能做这样的恶作剧证明我足够聪明，说像我这样的同学不需要老师监督与催促，自己就能纠正自己，一旦认真起来，成绩很快就会有进步。老师的称赞使我信心十足，从那以后，我一直努力学习，劲头一天比一天足，我的父母都很惊讶于我的改变。"

这个故事告诉我们，夸奖孩子也是需要技巧的。

下面是一些可以使夸奖发挥最佳效果的方法，供父母们参考：

（1）用拍一拍的行动来表达夸奖。

鼓励孩子的机会有很多。除了奖励孩子在知识或行为上的良好表现外，父母还可以在孩子休息、玩耍或发呆时，走到他们身边，用手拍拍他们，表达对孩子的喜爱与关注。

每个人都会因为胜利而感到快乐，也会因为困难而感到愁苦。一般来说，一个人能有一个长处就够了，不要希望孩子在各个方面都做得很出色。

当孩子不仅乐于去做他们擅长的事情，而且能全身心地投入其中时，父母应该抓住机会明确地表扬他们。如果从开始到结束的整个过程中都能得到积极的肯定，有助于孩子在实践中不懈地努力。

（2）不能毫无理由地夸奖。

当孩子勤奋认真地做事时，即便只是做一些非常简单的家务，也应该得到父母的表扬。

例如，当孩子正在扫地的时候，父母经过其身旁应该很温柔地说"扫得真干净啊""真能干！辛苦你了，宝贝"等。

研究发现，无论赞美多么简短，孩子们听到后都会感到非常开心。特别需要注意的是，在这种情况下，父母的鼓励一定要保持一定的理性，千万不要说太过情绪化的话，只要发自内心地称赞，孩子就会感觉得到。

（3）夸奖切忌重复和夸张。

私下表扬孩子和在大众面前表扬孩子，产生的效果是不一样的；在普通人面前表扬孩子和在孩子尊敬的人面前表扬孩子，产生的效果也不同。也就是说，孩子的快乐会根据氛围与场合的扩大而扩大。因此，父母应该善于在别人面前表扬自己的孩子。

当然，特别要提醒各位父母的是，在公共场合表扬孩子时，不要太过兴奋热情，也不应过于唠叨或反复表扬，否则，非但不会让孩子感受到快乐，还可能让孩子产生厌倦、抵触、逃避的心理。

第二章

每个孩子都是天才

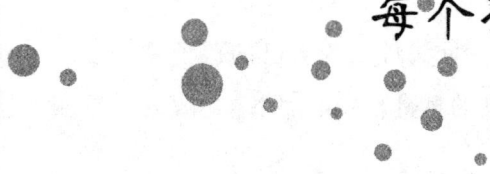

1. 孩子的出色源于你的欣赏

父母应该也必须赏识你的孩子，并认识到被赏识是孩子生活中的一种需要。带着赏识的心态，父母才能把孩子当成独一无二的特别存在。而一旦父母认为自己的孩子是独一无二的，那孩子很可能就真的是最特别的那个。

爱因斯坦被称为20世纪的哥白尼和牛顿，他为物理学的许多领域做出了很大的贡献，并且获得了诺贝尔物理学奖。然而，很多人不知道小时候的爱因斯坦到底是一个怎样的孩子。

《爱因斯坦传》（德国作家F.赫尔内克著，杨大伟译）中说："爱因斯坦像牛顿一样，并不早慧。他在整个学习期间绝无'神童'的表现，甚至在教师眼里显得平庸迟钝……"那么，为什么一个不"早慧"，甚至在老师眼中有些"迟钝"的孩子会如此成功呢？许多人认为爱因斯坦的成功与辛勤密不可分，实际上，爱因斯坦的成功与小时候父母的鼓励也有很大的关系。

一般的孩子一岁多就可以说话了，但是爱因斯坦小的时候不是很聪明，他四岁了还没学会说话，所以有的人说他智商低下。但是爱因斯坦的父母没有因此放弃自己的孩子，尽管他们对孩子的状态很担忧。

　　爱因斯坦的父亲为了开发儿子的智力，教他用积木搭房子。小爱因斯坦每搭一层，父亲便会表扬鼓励他一次。而他的母亲则每天为他弹奏钢琴，每当看到爱因斯坦歪着头，专心地听着美妙的音乐时，这位母亲就会坚定地认为她的儿子既不笨也不哑。后来，在母亲的指导和鼓励下，爱因斯坦学会了拉小提琴。

　　上学之后，爱因斯坦表现得依旧很平庸，他的老师曾对他的父亲说："你的儿子永远不会有所成就。"

　　爱因斯坦对老师和同学们的嘲笑感到非常失望，他不想上学，甚至不敢在路上遇到他们。但他的父亲却鼓励他说："我认为你并不愚蠢。别人会的，即使你做的一般，但这并不意味着你不如别人。但你能做的，别人却不一定会做。你表现不如别人的原因是你不像其他人那样思考，这或许正是你的优势。我相信，你总会有一方面做得比别人好。"

　　就这样，在父母的赞赏和鼓励下，爱因斯坦终于成为一位伟大的科学家。

　　爱因斯坦的成功不是偶然，如果他的父母也像别人一样，觉得他愚笨，不去鼓励与引导他，也许他就不会成为我们认识的那个爱因斯坦。可见，父母对孩子正确有效的鼓励能对孩子的成功起到重要的作用。

英国牛津大学天才儿童研究中心讲师贝纳德特·泰南曾经说过："每个孩子都有特殊的才能。给他们一个机会，他们真的能够超越他人。"这位讲师和爱因斯坦父亲的观点一致，他们都觉得孩子需要被赏识，就像植物需要养分。

想让自己的孩子长成参天大树的父母需要多赏识自己的孩子。聪明的父母应该给予孩子足够的信心，让他们在生活中锻炼和表达自己。这是最有效的欣赏方式，能让他们在生活中变得更优秀。

那么，作为父母，该如何做孩子的欣赏者，培养孩子的自信呢？

（1）发现孩子的潜力和优势。

法国教育家爱尔维修认为，即使很普通的孩子，只要教育得法，也会成为不平凡的人；美国的心理学家塞德兹博士认为，只要教育得当，人人都可以成为天才。也就是说，每个孩子都拥有成为天才的潜力，关键是要能及时将孩子的潜力挖掘出来。

美国人类潜能开发专家葛兰·道门教授曾说："每一个正常的婴儿在其出生的时候都具有像莎士比亚、莫扎特、爱迪生、爱因斯坦等人那样的天才潜能，关键是后天能否把这种潜能开发出来。"他坚信"聪明和愚笨同是环境的产物"。

所以，当孩子取得一些成就时，如果父母能及时给予鼓励和表扬，孩子就会更有自信心，做事情也会更加积极努力，从而一点点走向成功。

(2) 不妨换一个角度看孩子。

宋代大诗人苏东坡曾写下："横看成岭侧成峰，远近高低各不同。"这是富有哲理性的一句诗句，意思是：人们观察事物的立场不同，就会得出不同的结论。这意在告诉我们，想认清事物的本质，就必须从各个角度去观察，既要客观，也要全面。

教育孩子也应如此。很多父母总是用挑剔的眼光来看待孩子，觉得自己的孩子处处不如别人，因而忽视了孩子的优点和长处，这种教育心态要不得。应该试着站在孩子的角度想问题，选出正确适当的方法来教育孩子。

(3) 为自己的孩子感到自豪。

如果父母为孩子鼓掌，因孩子的行为感到骄傲，孩子就会回报父母很多意想不到的惊喜。但是，如果父母经常在别人面前批评孩子，甚至贬低孩子，孩子就会用自己的行动告诉每个人他真的不好。对孩子来说，父母的表扬意味着对自己的肯定，孩子会因此变得更加自信，更有前进的动力。

2. 每个孩子都有做梦的权利

人类最宝贵的本能是梦想未来。虽然有些幻想具有不确定性，有些梦想可能永远不会成真，但每个人都在期待未来，为未来付出他们所有的努力，无论自己与梦想之间有多远的距离。

黎巴嫩著名诗人纪伯伦说："我宁可做人类中有梦想和有完成梦想愿望的最渺小的人，而不愿做一个最伟大的无梦想、无愿望的人。"

许多父母会觉得孩子的梦想不切实际。他们不明白，只有敢去想，才有机会把不可能变成可能。父母应该适当地认可孩子的梦想，让孩子充分发挥想象力和创造力。

美国犹他州的一名中学教师，有一次给学生布置了主题为"梦想"的作文。

作业交上来的时候，这名教师发现，有一个孩子竟然写了7页纸，详细地描述了自己的梦想：他希望将来有一天可以拥有一个牧马场。这个孩子还认真地画下了一幅占地约80万平方米的牧马场示意图，里面有马厩、跑道、种植园，还配了房屋建筑和室内平面设计图。

老师觉得这孩子的作业很认真，但是太不切实际了，他知道这孩子的父亲只是一名驯马师，收入不高，他们甚至没有属于自己的房子，根本不具备拥有一个牧马场的资本。因此，老师给了这孩子一个很低的分数，并且对他说："你能想象到实现你的梦想需要多少钱吗？如果你愿意重新写一个现实一点的梦想，我会给你重新打分。"

很多年后，这名老师被邀请去参观了一个占地超过80万平方米的牧马场，登上了一座面积达3000平方米的建筑，而主人正是他当年的学生。那孩子一直留着那份作业，上面的评分格外刺眼，但正是这刺眼的分数让他有了努力的动力，他不服也不甘，创业的道路上一步一步地走着。多年后，他实现了自己的梦想。

这名老师流下了忏悔的泪水。他对学生说："我现在才意识到，我做老师是多么的失职，我就像一个偷梦的小偷，偷走了很多孩子的梦。坚韧与执着让你实现了自己的梦想，也让老师明白，只要肯奋斗，一切皆有可能。"

只有拥有梦想才会有期望，只有有了期望才会想要努力和奋斗，只有坚定自己的梦想并努力地去实现，才有可能获得成功。

家长和老师经常根据自己的主观想法来要求和约束孩子，一旦听说了孩子们不寻常的梦想，就会忙不迭地站出来反对，美其名曰让他们"认清现实"。但是，如果一个人连"做梦"都不敢,又何谈拼搏奋斗呢？

真正爱孩子的父母应该肯定孩子的梦想,并且呵护孩子梦想的种子长大。

很多父母习惯于为孩子的未来做计划,但在这个过程中,父母可能会在无意中把自己没能实现的梦想强加在孩子的身上。

请记住,父母最重要的事情是尊重孩子的想法,并且引导他们去实现自己的梦想。

在这里,可提供几点做法给每一对父母:

(1) 发现并鼓励孩子去实现梦想。

当孩子有了自己的想法,开始在父母面前对一些事情表现出兴趣时,父母很容易就能了解到孩子的喜好。

当孩子突然说想要做什么,或者想要成为什么样的人时,父母就应该多加留意,可以就这话题与孩子聊下去,确定孩子的想法,了解孩子的梦想,并给予相应的支持与鼓励。

(2) 让孩子成为自己想成为的人。

在孩子的梦想处于萌芽阶段的时候,父母应该用心去发现,并且及时帮助孩子,给他的梦想施加养分。如果这个时候打击孩子,孩子很容易就会变得不自信。孩子感觉到父母对自己的梦想持有否定的态度,内心就会动摇,可能会导致孩子永远无法建立一个坚实而稳定的梦想。

(3) 将父母价值观摆在次要的位置。

孩子对这个世界有他们自己的看法和理解,这是天赋和环境等综合作用的结果。如果把成人的价值观强加给孩子，他们不仅会失去童真，也会迷失自己的成长方向。

在孩子的成长过程中，每个发育阶段都与他们独立人格的形成密不可分，所以，一旦孩子有了自己的梦想，父母不要随意替孩子做决定，也不要马上否定孩子的想法，而应将自己的观点放在次要的位置上，然后在孩子的选择中扮演参与者、分析者、评估者和援助者的角色。梦想的进一步稳定需要父母有毅力和耐心地去引导孩子，帮助孩子为自己的梦想拼搏与努力。父母行动上的支持和持续的精神支持对孩子来说是必不可少的。帮助孩子走自己想走的路，他们才更有可能实现自己的梦想。

3. 保护好他的奇思妙想

虽然孩子没有成年人的知识丰富，也没有那么多生活经验，但他们更有想象力，因为他们没有固定的思维模式，不受任何"答案"的束缚。所以，如果你的孩子正在思考超出你想象的问题，你应该做的是留意并且保护他的奇思妙想。

国庆节期间，刘伟跟着妈妈去广州游玩。查看天气预报，广州最近几天的温度有点低，于是出门时刘伟多穿了一件外套。但是到了中午，广州的温度升高了很多，所以他不得不脱下外套，用手拿着。

旅游回去的路上，刘伟就在想，出去旅游，衣服带多了是负担，带少了又怕万一天气骤变，该如何是好呢？这时，他看到身旁的书包，突然灵机一动，琢磨着是否可以把外套变成背包。于是，刘伟的妈妈带着刘伟，按照他的需求买了夹克衫、书包、拉链、钥匙扣等材料，又帮助刘伟绘图、测算、加工与缝制。

刘伟把衣袖折了起来，拉上拉链，把衣服的顶部和底部封好，又加了两个背带。一番努力后，一件神奇的背包夹克诞生了。这件衣服看起来像个灰色的大背包，面料是防水的，拉开四边的拉链，抖动几下，背包就变成了一件夹克衫。

孩子经常会有一些奇怪的想法，这些想法可能听上去很荒唐，不切实际，却体现了孩子的创造性思维。面对这种思维，父母应该给予孩子鼓励和认可，并引导他自己去尝试。

大人们往往在不知不觉中将孩子引入了一个不需要想

象只需要记忆的世界，最终，这些孩子也变得和大多数人一样，只学到了前人的知识与技能，没有突破与创新。所以，如果父母认为想象力很重要，就要留意孩子生活中的点点滴滴。

一些父母会否定孩子的怪想法，认为那些思想毫无意义。如此一来，孩子们的创新意识还未萌芽就被扼杀了，这不利于孩子们扩展自己的创新思维，也容易让孩子的性格变得刻板。

要知道，许多伟大的发明都是在所谓的"疯狂的幻想"的基础上实现的。因此，只要不会造成负面影响，父母应该鼓励孩子用自己奇怪的想法做一些不寻常的事情，即使孩子的行为被很多人反对，你也应该理性地支持孩子，并引导他完善自己的想法。只有这样，孩子的想象力和创造力才能得到保护和发展。

4. 对孩子的"破坏力"一分为二对待

如果你的孩子正在折一只纸手枪或摆弄一些物品，如果你的孩子正问你一些幼稚可笑的问题，你一定要认真地观察他，回答他的问题，千万不要阻止与斥责他，因为这很有可能熄灭一簇可以燎原的星星之火。

婆婆对着刚进门的宋佳说："暖暖真是太调皮了，差点把咱们的家烧了。"

不等妈妈说话，暖暖就撅着小嘴说："妈妈，我是在做实验，我没有放火烧家。"

经过了解才知道，原来趁老人不注意，暖暖用家里的蜡烛点燃了报纸，等到老人发现时，报纸上的火苗直蹿，就要烧到木茶几了。奶奶将暖暖训了一顿，批评她不应该玩火，但暖暖不但不认错，还直说奶奶破坏了她的实验。

听完事情原委后，宋佳问暖暖想做什么实验。暖暖说，在幼儿园上课的时候，听老师讲过水能扑灭火，她就想验证一下。但还没等她用水去浇，奶奶就把火给弄灭了。

宋佳听了女儿的解释后，又拿了几张报纸，找来一只瓦盆，然后把暖暖带去外面，说要和她一起再做一次实验。暖暖听了非常高兴，跟着去了屋子外面。宋佳让暖暖点燃了瓦盆里的报纸，就在烧得正旺的时候，暖暖将接好的一盆水浇到了燃烧的报纸上，火真的熄灭了。暖暖开心地大喊："妈妈，水真的可以灭火呀!"实验的成功，让暖暖格外兴奋。

进去屋里，宋佳对暖暖说："暖暖，你看，火多厉害啊，能烧报纸、茶几、衣服，还能烧家里的许多东西，要是真烧了起来，后果是很严重的。家里的茶几是木制的，你将报纸放在上面烧是很危险的，以后要做实验和妈妈说，妈妈陪你做，不要再自己一个人玩火了。"

"我知道了，我不会随便玩火的。"暖暖毫不犹豫地回答，"老师还说火能把高楼大厦烧掉，能把人烧死呢。"

"对呀，火能烧死人，而且烧人特别疼，所以小朋友要格外注意。"宋佳盯着暖暖的眼睛，严肃地告诫道。

孩子们是如此的好奇和渴望知识，我们要接受和鼓励孩子的好奇心，为他们的梦想插上想象的翅膀，培养他们去探索世界未知的领域。

那么，作为家长，面对孩子的"破坏力"该怎么做呢？

首先，可以满足孩子的好奇心，为他们营造合适的环境。

对孩子来说，在他们的日常生活环境中，到处都有可供探索的资源，任何情景都可能激发孩子的好奇心，促使他们提出各种问题。这个时候，父母应该在消除环境中的不安全因素的基础上，根据孩子的兴趣提供孩子所需要的各种材料、工具和信息，然后让孩子自己去探索。这样，孩子的好奇心就会得到满足，也会感到很开心，从而更积极地去学习与生活。

其次，不要用成人的思维来约束孩子。

由于儿童的认知能力有限，他们可能会有一些超出成人想象的奇怪想法。这个时候，父母不应该用成人的思维模式来诱导与限制孩子的想象力，而是应该让孩子毫无压力地去想象。

一个四岁的男孩和他的伙伴在家里的花园里玩耍。当男孩的爸爸妈妈从外面回来的时候，他们发现屋檐下的大水箱倾斜了，水箱里的水流了出来。妈妈很生气，问是谁干的。男孩诚实地说："我和我的小伙伴把水箱推了下去。"话音落下，妈妈拉过男孩的小胳膊就要打他。这时，男孩的爸爸出来阻止道："先让他解释一下为什么要这样做。"

男孩委屈地说："我们两个正在做实验，爸爸说司马光从小就很聪明，我不这么认为。如果他聪明的话，他不应该打破缸，而应该把它推倒。"

前天晚上，男孩的爸爸给儿子讲了"司马光砸缸"的故事，说司马光是聪明的孩子，他的应变能力很强。那个时候，男孩听了并不认同，所以今天故意把箱子弄倒，以证明自己的想法是正确的，而司马光没有爸爸说的那么聪明。

男孩说："如果缸倒了，水就出来了，小朋友不就得救了吗？如果用石头砸缸，可能会打碎里面孩子的头也说不定呢！"

爸爸听了男孩的话笑了，他不但没有责备孩子，还表扬了他，说："儿子，你说得有道理。敢于思考别人没有想到的问题，并且做实验去证实，这就是聪明的表现。"

父母对孩子好奇心的保护和引导是孩子学习和探索知识的最大支撑。小孩子犯错是不可避免的，而有原因的"犯错"需要家长的理解。

孩子犯错时，许多家长会急于批评和制止孩子的行为，有时甚至不听孩子解释就匆忙下定论，他们完全没有意识到这样做会影响孩子的探索精神。

5. 欣赏"打破砂锅问到底"的孩子

"妈妈,你为什么会有白色的头发呀?""爸爸,为什么飞机可以飞呀?"孩子的脑海里总会出现各种各样的问题,有的问题,连家长都没办法迅速且流畅地回答出来。这时,有些父母会觉得不耐烦。这是不对的,面对孩子的任何问题,父母都应该重视起来。

孩子问问题,父母敷衍了事地回答不知道是不可取的,这会抑制孩子"打破砂锅问到底"的热情;而不等孩子问"为什么",就匆忙地先给出标准答案,也不值得提倡,这为孩子省去了询问的过程;最好的方法就是不马上回答,而是反问孩子的想法,引导孩子先自己思考问题的答案,这样可以增强孩子的逻辑思维能力。只要孩子能够试着说出自己的见解,那就是一个好的开始。就算他说得不对,父母也应该表扬他爱动脑的行为,并鼓励他继续努力。孩子得到父母的认可和鼓励,再遇到问题时就会首先自己思考一番。

美国教育家塞德兹认为:父母讨厌孩子问问题是愚蠢的做法。这种做法也许能够换来片刻的宁静,但是,在不知不觉中会压抑孩子的好奇心和求知欲，甚至会抹杀孩子最可贵的探索精神。

马丁总是很有耐心地回答儿子小马丁提出的各种问题，就算孩子一次问很多问题，他也不会嫌麻烦而去敷衍儿子。虽然有时候小马丁的问题会没头没尾，有的甚至超出了他的知识范围，但他都会认真对待，从不会在孩子的面前表现出不耐烦。

有一次，小马丁把一本关于达尔文进化论的少年图书递到父亲面前，问："爸爸，书中说人是由猴子变来的，这是真的吗？"

"我不确定它是否完全对，但达尔文的理论是有道理的。"马丁回答道。

小马丁疑惑地问："人如果是由猴子变的，那为什么现在还有猴子存在，它们为什么没变成人？"

"你看，书里写了，有一群猴子得到了进化，就变成了人类，而另一群猴子没有得到进化，就仍然是猴子。"马丁说道。

"不是吧？"小马丁怀疑地说道，"我觉得另一群猴子也应该进化，变成一群能够上树的人。"

正当马丁和儿子讨论的时候，马丁的朋友艾伦先生插话道："能够上树的人不就是猴子嘛。"

小马丁一本正经地说道："艾伦先生，我们没有在讲故事，而是在讨论问题。"他仿佛是对艾伦先生的话产生了不满。

对于小马丁的不满，艾伦先生不以为然，他认为马丁不会有多大的耐心来回答小马丁这种问题，于是不再说话。

接着，小马丁又问了很多问题，尽管他的问题在成年人看来毫无根据，甚至有些可笑，但是，马丁却认真地回答儿子的每一个问题，一点也不敷衍。

在一旁的艾伦先生看到马丁如此有耐心，忍不住问马丁："小马丁的问题这么多，你一一回答，不怕有些问题连你都答不上来吗？"

马丁说："不管他问什么我都会努力解答，如果碰到了我也不知道的问题，我会想办法弄清楚。"

不管孩子问多少问题都耐心且认真地回答，同时，在回答问题的过程中，与孩子一起学习。这样，孩子不仅能体会到父母对自己的关怀，也能发现父母对知识的重视，从而自己也会更加重视学习。这样相处下来，孩子与父母的关系自然会非常和谐。

面对孩子提出的一系列问题，许多父母开始会很认真回答，而后就会变得有点不耐烦。事实上，父母应该欣赏孩子的求知态度，并且满足他们强烈的好奇心。孩子的问题可能很简单很幼稚，但作为父母，一定不要嘲笑他，更不要因为你很忙或者心情不好而忽视他或者责备他，而是应该以积极的态度引导他。同时，要简洁地回答孩子的问题，如果涉及的问题太过复杂，孩子理解不了，那就向孩子表明问题的复杂性，向他说明这个问题暂时他还不能理解，以后慢慢就会学到。

　　在回答孩子的问题时，父母也可以和孩子一起去找答案。在这个过程中，孩子能够得到探索知识的乐趣，以后遇到问题也会很积极地去探索。父母陪着他找答案，也会在无形中加强孩子的自信心，这种方式可以很好地帮助孩子提高他们的学习兴趣。

6. 兴趣是火苗，用喝彩的方式助其燃烧

　　兴趣是孩子最好的引导者，有了兴趣就有了原动力。所以，在孩子的成长过程中，父母去发现和培养孩子的兴趣，是很有必要的。著名作家张洁说过：任何一种兴趣都包含着天性中有倾向性的呼声，也许还包含着一种处在原始状态中的天才的闪光。

　　孩子虽然年龄小，但他们也有鲜活的思想，有广泛的兴趣爱好，但孩子的兴趣往往也具有一定程度的不稳定性。

儿童和成年人看问题的角度是不同的，所以，就算孩子的兴趣看上去很简单幼稚，我们也不能忽视它。父母需要做的是积极地肯定孩子的兴趣，尊重他们的想法，而不是把自己的观念强加给他们。另外，父母也可以创造一些条件，鼓励孩子做自己感兴趣的事。尊重孩子的兴趣是父母能给孩子的最好的礼物。

达·芬奇9岁的时候进入学校读书，接触的第一位老师是一位神父。但是达·芬奇对学校里的课程一点也提不起兴趣，因为学校的教学模式比较单一，每天除了学习拉丁文，就是学习《圣经》之类的课程，孩子们都觉得很枯燥，很不喜欢每天除了阅读就是背诵的生活。

有一天，神父走到达·芬奇身边，批评他总幻想着做一名艺术家，每天只知道乱涂乱画。神父不仅毫不留情地说他是在白日做梦，还一口断定他若是继续这样，将来一定不会有什么出息。在神父说话的时候，达·芬奇根本没有听神父说了什么，因为他正在聚精会神地思考一道数学题。神父刚刚说完话，他就问神父那道题该怎么解。神父看达·芬奇这样不把自己当一回事，非常生气地打了他一巴掌，然后又去他的父亲面前告状。父亲皮耶罗听了神父的形容后，觉得儿子没有什么错，所以没有责备儿子。

达·芬奇的父亲是一位著名的公证人，他一向善于逻辑推理。在案卷和诉讼方面，他可以用无懈可击的论证把对方击败，但是在儿子的择业问题上，他思考了很长时间。

他本来希望儿子能够继承自己的事业，最好能够成为一位法学家。但是他觉得，对孩子来说，没有哪个引导者比兴趣更适合做帮手，让儿子去做自己感兴趣的事，也许可以事半而功倍，获得意料之外的效果。

从此，达·芬奇开始致力于学习绘画。

只有做自己感兴趣的事，才会全身心地投入，所以，父母教育孩子时，要尊重他的兴趣，因势利导，这样孩子才会竭尽全力地去完成自己感兴趣的事。

兴趣进一步发展，就会成为终生的抱负。孩子有些兴趣爱好维持不了很长时间，新鲜感一过，或者遇到了难题就会想要退缩和放弃。这时，父母应该给予孩子鼓励，帮助孩子坚持自己的兴趣爱好。

兴趣是在大的生活背景下对某些事物产生偏好和积极的关注。乐趣能够吸引孩子的注意力，而快乐可以维持孩子的兴趣。抓住这两个环节，就相当于拥有了培养孩子兴趣的金钥匙。

不要让你的孩子在多种兴趣之间游走，这可能会让孩子找不到重点。也不要指望孩子的兴趣会在一夜之间奇迹般地开花结果，更不要认为"揠苗助长"有助于培养孩子的兴趣，那样做往往会起到相反的作用，破坏掉孩子的兴趣。

7. 孩子不是风筝，让其自然地成长

有人说过："教养孩童，使他走当行的路，就是到老他也不会偏离。"但这条当行的路应该符合孩子的天性，与孩子的性情相符。换句话说，就是父母要依照孩子的天性来培养孩子，这样孩子才能发挥出自己最大的价值，过充实而踏实的一生。

梅兰芳不仅戏剧上是大师，在教育上也很有一手。

要孩子从小就学习演戏，长大后像父亲那样去当京剧演员，这叫子承父业，这在当时的戏剧界很流行。然而，梅兰芳并不想这么做，他认为，做父母的应该了解孩子的想法，并尊重孩子的选择，不应该私自为孩子规划未来，更不应该私自为孩子做决定。

此外，梅兰芳不看好当时好多戏剧演员不重视孩子上学读书的观念，而是提倡孩子应该先学习文化知识。因此，梅兰芳全力地支持孩子到自己喜欢的学校去学习。同时，他还特别注重自己孩子独特的兴趣和爱好，并以此为基础，结合孩子的天性，帮助孩子确立未来生活与工作的方向。

因为熟知梅兰芳先生擅长教育孩子，所以人们常向他求教教育孩子的经验。而面对别人的请教，梅兰芳总是笑着说："尊重孩子就像尊重观众一样！"

所以，父母应该多听孩子的想法，在不走歪路的前提下，让孩子去走自己想走的路，然后在正确的时机以正确的方式引导孩子。

在孩子没有能力自己做选择的时候，父母可以为孩子代劳。但是，如果孩子有了自己的想法，父母应该多与孩子沟通，了解孩子的想法，帮孩子分析一些事情。如果孩子自己没有主意，想让父母为他做决定，父母也不该直接帮孩子做决定，而是应该引导孩子自己去思考，毕竟父母不能为孩子做一辈子的决定。

皮特从小性格有点内向，但他在学习创造方面很有天赋。长大后，皮特考进了耶鲁大学学习经济学，后来又以第一名的成绩从哈佛大学商业培训班毕业。他之所以能有这样的成就，与其妈妈在教育他时的因材施教有很大关系。

皮特是一个早产儿，他天生反应就比别的孩子慢半拍，因此经常被其他孩子嘲笑，这让皮特感到很自卑。上了小学后，他对什么都不太感兴趣，做任何事情都表现得很不积极。然而，他的妈妈却持续观察着皮特的一言一行。

一天，皮特的妈妈偶然间看到孩子们聚在一起认真地玩着什么游戏，她便问孩子们在玩什么。孩子们告诉皮特的妈妈说他们在玩皮特发明的一个游戏。原来，皮特很喜欢看科幻小说，他从一本科幻小说中得到启发，然后发明了这个游戏。后来，周围的很多人都喜欢上了这个游戏，玩的人也越来越多。这让皮特的妈妈从中发现了儿子的长处。

从此，只要皮特按照自己的想法做事，皮特的妈妈就会表杨他。同时，她还尽可能多地让皮特接触外面的世界，只要有时间就会带皮特出去，让他去听、去看、去做、去玩。

后来皮特在学术上的成就，和她妈妈的正确引导是分不开的。

父母教育孩子，应该让孩子自由地成长，而不是强迫孩子学习他们不喜欢的东西。

但是，这并不意味着父母应该让孩子完全按照自己的意愿行事。父母作为孩子的第一任人生导师，有责任为孩子的选择把关，也应该在孩子需要父母的监督和指导时，及时给孩子提供帮助，鼓励孩子正确发展天性。

第三章

授之以渔，激发孩子的潜能

1. 别急着给答案，刺激孩子的求知欲

求知欲的价值不可忽视，如果父母不能合理地启发和引导孩子的求知欲，产生的很可能是终身的遗憾。

根据一项针对 500 名杰出人士做的调查显示，尽管他们都热爱学习，但 60%的人在学校里的表现都不佳。但一旦他们对知识的渴望被唤醒，就没有什么能阻止他们了。

一天，乐乐和他的朋友去河边抓了一些小鱼，他高兴地把鱼带回家，放进鱼缸养了起来。他看到几条小鱼在水里快乐地游着，偶尔还会向水面吐水泡，觉得它们特别可爱。此后，每天放学回家，乐乐第一件事就是去看鱼，给它们喂食。他小心翼翼地养着它们，每两天就换一次水。但是不久，有一条鱼死了。乐乐看着那条鱼漂浮在水面上，一动不动，非常伤心。

乐乐想找出小鱼的死因，于是他决定解剖这条鱼，寻找答案。他把鱼放在一块木板上，拿起一把刀，小心翼翼地把鱼的肚子切开。因为乐乐经常看到他的爸爸解剖各种动物，所以解剖小鱼对他来说不是什么难事。切开小鱼的

肚子后，乐乐惊奇地发现小鱼的肚子里面有一小撮乳白色的蠕虫在不停地蠕动。乐乐不知道那是什么，猜想可能是小鱼的后代。等他的爸爸下班回家，他和爸爸说了自己的发现，并向爸爸求证那蠕动的白虫到底是不是小鱼的后代。

爸爸听完乐乐的话，仔细观察了小鱼肚子里的东西，然后对乐乐说："那不是小鱼的后代，而是寄生在鱼体内的虫子。"

听到这个答案，乐乐又接连问了爸爸好几个问题："是它害死了小鱼吗？它们是怎么钻进小鱼肚子里的呢……"

"寄生虫是难以消灭的致病源，不只鱼体内有，其他动物和人体内也有，它们危害动物和人的健康，应该被消灭才对。孩子！你要努力学习，长大了去研究消灭寄生虫的方法。"爸爸微笑着对乐乐说。

乐乐记住了爸爸的话，从此以后，更加努力地学习，对生物课也更加感兴趣了。最终，乐乐经过自己的努力，成为一名出色的生物学家。

每个孩子都有希望成为未来的科学家，因为当他们观察世间万物、学习科学知识、接触大自然时，总能提出各种各样的问题，比如：为什么天空是蓝色的？为什么肥皂泡会漂浮？为什么电视机可以收到图像？为什么收音机里有歌声？为什么金鱼要生活在水里？等等。

父母回答孩子的问题，会有三个情况：

第一，父母有能力给出答案，但结果往往是父母回答得太过仔细，给孩子的帮助太多，无法锻炼孩子独立思考的能力，从而让孩子失去探索、学习的兴趣，抑制了儿童天生的好奇心和创造力。

第二，父母自己也回答不上孩子的问题，有时会感到尴尬，面对孩子看似无穷无尽的好奇感到无助。

第三，父母会很生气，责怪孩子太烦人，或者他们只顾着忙自己的事情，而忽视了孩子的问题。

上面几种做法都是不可取的，这会在无形中打击孩子的求知欲和探索问题的积极性。

那么，怎样做才是合适的呢？

一位儿童教育专家指出，家长应该鼓励、引导孩子提出各种问题，并表扬孩子主动问问题的态度，同时找准时机，帮助孩子开动脑筋，引导孩子通过各种方式、途径寻找到答案。如果家长遇到了特殊情况，而孩子的问题层出不穷时，可以对孩子说："我不清楚，可能没有人知道答案，或许你可以成为第一个发现答案的人。"

家长应该鼓励和欣赏孩子的求知欲，不该用成人的眼光和自己知道的知识去主观认定孩子提出的问题是"幼稚的"或"无聊的"。有一些问题，在大人眼中可能是"无聊"和"幼稚"的，但在孩子的心里，可能是惊险、刺激、有趣、好奇的。

作为家长，最应该做的就是在孩子发现生活中的"神奇"与"特别"时，激发出深藏在他们心中的求知欲，促使他们不断学习。因为，孩子的求知欲是可以撬起地球的杠杆。

2. 用"闪光点"激发孩子的上进心

上进心是一个人成功的内在驱动力，而激发孩子的上进心需要一定的方法与技巧。父母在肯定孩子取得的成绩时，不要忘记鼓励、监督与指导孩子，帮助孩子制定合理的目标和有效的行动计划，培养孩子自我完善、积极进取的精神。

每个孩子都有自己的长处，而自身的长处是一种鼓舞人心的力量。发现自己的闪光点，会给孩子一种希望，让孩子体会到一种满足。家长要做的就是发现孩子的长处，并且让孩子的长处得到最好的发挥。

洛洛由于学习成绩不好经常受到批评，这使他对学习完全失去了兴趣，对自己也渐渐失去了信心。

后来，一位新老师来上课。他不相信洛洛真的一无是处，于是对他多加留意，最后发现他的歌唱得很好，便邀请洛洛加入学校的歌唱队，并给他在晚会上表演的机会。洛洛因为感受到了老师的重视，并且做着自己比较擅长的事，情绪逐渐开始好转。

老师夸他可以很快记住很长的歌词，还说语文课文比歌词要少，相信他只要用心，也一定能很快背下来。在老师的鼓励下，经过一番努力，洛洛发现自己可以把课文背得很好，于是，他开始变得自信起来。

后来洛洛的父母让他在家里读一段课文，发现他念得很好，便表扬他读得有声有色，接着又对他的朗诵加以指点，告诉他哪里语气再加强一些效果更好，哪里不用念得太重。洛洛第一次感觉到自己还有值得大人表扬的长处，于是劲头十足，每天放学都给父母朗读课文，久而久之，洛洛在朗诵方面有了很大的进步。

在之后的一次朗读课上，洛洛流利地朗读了一篇课文，刚读完，全班同学都不自觉地给他鼓掌，他非常开心。

以前他不在乎自己因为考试成绩不好而受到批评，所以从不知道得到全班同学的掌声和老师与父母的肯定，是多么幸福的事情。此后，他更加努力地学习，同学们也不再说他笨了。

那位鼓励洛洛的老师先是给予他肯定，让他通过努力尝到了成功的喜悦，而后因为父母的鼓励，他又尝到了被尊重与肯定的喜悦，最终，在建立自信的道路上越走越远。

所以，不要轻视、不信任，甚至指责问题多、成绩差的孩子，这很容易让他们失去信心，导致他们自暴自弃。必须尽力找到孩子的长处，并鼓励他们做得更好，让他们觉得自己可以，自信地对自己说"我能行"。

有些家长说，他们当然知道鼓励孩子，可是看见孩子的缺点，心里就着急，孩子顽皮、不用功、成绩差，怎么能夸他？面对这种情况，家长应该知道，你的孩子绝不会一无是处，关键是要了解孩子的性格特点，理解孩子的心情。孩子不可能没有值得父母肯定的优点，只要找出孩子哪怕一个小小的优点，加以充分肯定与鼓励，就一定能收到不一样的效果。

改变他们缺点的办法是找出他们身上的"发光点"，诱发他们内心的渴望，让他们拥有追求进步的动力。所以，家长、老师要充满热情地为他们创造良好的环境和机会，帮助他们发挥自己的"发光点"，让他们切切实实地感受到被信任、被尊重的喜悦。

3. 给他国际化视野，称赞他的观察力

观察是一种有意识的、主动的、系统的感知活动，是一种高层次的意识形态，是儿童实现创新的不可或缺的能力。许多科学发现都源于对事物进行仔细的观察。所以，观察对启发孩子的智力有很大的帮助。

任寰小小年纪就取得了不少成绩，她7岁开始写诗，9岁就发表了自己的作品，10岁又出版了诗集，在她12岁那一年，她加入了河北省作家协会，而后在18岁时考入北京大学中文系。她得到这些成绩，一方面是自己非常努力，另一方面则来自父母的正确引导。

任寰小的时候得过过敏性哮喘，导致她那个时候不太爱说话，性格有点内向。她总是住院，进行输液或者吸氧，这种生活让她习惯于用眼睛观察、用耳朵倾听。任寰喜欢写作，父亲任彦芳便让她写日记，并且教导她要有意识地结合自己的亲身经历去观察和思考。

任寰在读小学二年级的时候，她的父亲引导她观察描写大自然；读小学三年级的时候，父亲又教她注意观察人

物的心理活动，进而观察与思考社会和人生。《十岁女孩任寰诗文选》就是她观察生活、思考生活创作出来的作品。著名诗歌评论家谢冕称她的诗具有思辨性。

有一次，任寰的父亲带她去公园玩。出发前，她的父亲提醒她回到家要写一篇日记，告诉她要注意观察事物的特点，观察得越详细越好。所以去到公园后，任寰很细心地观察花、鸟、草、虫等。

任寰好学，父亲利用了孩子的天性，经常引导孩子走向自然。他让孩子观察万物的悄然变化，比如春天的嫩芽、夏天的花朵、秋天的果实、冬天的树叶，这些都引起了任寰的兴趣。同时，任寰的父母在日常生活中也注重引导和拓宽孩子的视野，帮助孩子丰富她的知识和生活。例如，他们会让任寰在家里养花和小鱼，让任寰在晚上看天空，与孩子谈论简单的星系。他们也会让任寰白天看云的流动，并说"云往东，天往西，云往西，披蓑衣"等谚语来丰富孩子的知识。

任寰的父母经常引导她走向社会和自然，接触生活，观察世界，开阔视野，并且鼓励她在遇到困难时多问问题，主动去思考。这为任寰后来的成功奠定了基础。

如果没有任彦芳对自己女儿观察能力的培养，任寰就不会把平凡生活中的感动用文字表达出来。可以说，没有父母对其观察力的培养，就不会有任寰的今天。

生物学家巴甫洛夫说："观察，观察，再观察。"培养孩子观察的习惯，对孩子智力的发展是十分重要的。

要培养孩子通过外表看到事物本质的能力，不是一天就能办到的。例如，艺术家拥有特殊的眼睛，人们认为墙是白色的，但画家却看成是红色、黄色、蓝色……博物学家一眼就能辨认出动植物的种类，而检查员则能辨认出建筑物的不同结构。

根据著名哲学家格尔的观点，培养观察力的最好方法就是教他们去寻找事物的"异同"。

那么，父母如何培养孩子的观察能力呢？

（1）让孩子见多识广。

观察的程度与孩子的视野是否开阔有关。少儿无知，缺乏实践机会，观察必然受到影响。

看到同样的现象，一些孩子可以很好地进行描述和分析，而一些孩子却说不出几个词。这和孩子们学习的好坏有关。知识学得扎实完整，分析问题就会更加深刻。可以说，观察是建立在知识和经验的基础上的，知识和经验的丰富能促进儿童观察能力的提高。

（2）让孩子明确自己的观察目的。

观察效果取决于孩子对观察任务的理解。换句话说就是，孩子在观察中是否有明确的观察目的，直接影响他们的观察结果。观察的目的越具体，孩子的注意力就会越集中，观察得也会越细致。

举个例子：父母带着孩子去景点游玩，什么都不给孩子讲，孩子就会漫无目的地四处张望，看了一圈后回到家，孩子可能不知道自己看了什么，甚至不太记得自己看了什么。相反，如果父母在去景点之前，事先要求孩子观察景点里的标志性建筑，孩子就能仔细地说出建筑的大小、颜色等。有目的地观察事物，能让孩子从观察中获得更多知识。

（3）教孩子正确的观察方法。

培养孩子的观察能力可以采用动静结合的方法。

动态就是按先后顺序或方向位置观察物体的变化，而静态则是按物体的颜色、形状等进行观察。父母应该指导孩子学会动静观察法，为孩子以后看图数数和看图列式打下基础。

还有就是对比观察。

比较是一个鉴别的过程，只有通过比较才能提高孩子的观察能力。比如，让孩子观察其他孩子的作品，并同自己的作品进行比较，肯定优点，指出不足。

再者就是按照顺序去观察。

事物的发生一般都有一个先后顺序，让孩子认识一个事物发展的全部过程，建立一个完整的概念，使孩子养成按顺序观察的好习惯。让孩子按照顺序观察，能使孩子有条理地思考，使孩子思路清晰，也可以增强孩子的逻辑思维能力。一般来说，观察是由近及远或由远及近，从上而下或从下而上，从左到右或从右到左，先中间后四周或先四周后中间，由表及里或由里及表。

此外，反复观察也是一种有助于培养孩子观察能力的方法。

对于某一动作，可让孩子进行反复观察，这样可以强化孩子大脑皮层形成的暂时性联系，并使各个暂时性的联系相互贯通，逐步形成动作的连贯一致。反复观察能形成孩子对事物的整体认识，并掌握复杂的、难度大的各个环节。

最后是重点观察和综合观察。

重点观察是指在事物完整的发展过程中，必定有一个环节是主要的，如植物生长是其从生到死过程中的最主要的环节，这个环节是重点观察的对象。这些训练对培养孩子抓主要问题、抓中心环节、掌握大局都有好处。而综合观察法则是先局部后整体或先整体后局部的观察方法，以达到对观察对象全面正确的认识。

4. 放下权威，培养孩子的领导能力

每个孩子都有成为领袖的潜质，而很多父母都忽略了这种潜质。

美国等西方国家的学校已经将学生领导力的培养引入

了正常的教学实践中，中国的许多教育专家也越来越关注这个问题。他们发现，孩子的领导能力是可以培养出来的。

从小培养孩子的领导能力，让孩子在人群中脱颖而出，让孩子组成一个团队完成更大的项目，对个人能力的提高也是很有帮助的。

有些孩子看起来很听话，在团队活动中，经常会表示："请安排给我我擅长的事情。"这实际上是一种消极的态度，在逃避责任的同时，他们也失去了实现梦想的机会。

晓明性格内向，不善交际。有一次，妈妈给他报名参加了一个野外生存训练营。因为他经常帮助妈妈做家务，洗衣服和做饭这类事情他都可以做得很好，因此，他的同伴一致选择他当队长，但他拒绝了。他说自己不知道怎样组织人员和分配任务。于是，其他人选择了另一个小伙伴当队长。另一个男孩也没有当队长的经历，但他却笑着接受了其他人的推选，然后问晓明如何处理各种具体问题。男孩认真地记录了所有要做的工作，在他合理的安排下，每个队员都参与到了野外生存的训练中。

成年人能识别出哪些孩子是领导者吗？当然可以。这些具有领导能力的孩子自信并且尊重同龄的其他孩子，愿意让其他孩子玩他们的玩具，也具有幽默感，常表现出更大的创造力和好奇心。他们总是第一个行动，其他的孩子则看着他，跟着他。最重要的是，他们的热情是有感染力的。

那么，父母应该怎样培养孩子的领导能力呢？以下所讲述的五条秘诀供你借鉴。

（1）做一位积极推动孩子进步的家长。

孩子的自信来自他们的父母。

首先肯定孩子，鼓励孩子可以做到，当孩子完成后，父母再表扬孩子："你做得很好！"

当孩子迈出第一步时，父母应该帮助他们建立自信。当一个孩子跌跌撞撞地走进你的怀抱，那就意味着他在前进的道路上赢得了胜利。当你给他一个大大的拥抱，他就会体验到成功的喜悦。当这些形成良性循环时，孩子将继续走向成功。

（2）让孩子用心考虑如何取得成功。

教孩子多思考如何取得成功，而不是过于担心孩子通往成功的道路上会遇到坎坷。相信自己能成功的人是一个能激励他人追随自己的领导者。

"可能性思维"是领导力的重要体现。那些能够认真思考问题并将解决方案告诉所有人的人就有可能会成为领导者。培养孩子的推理能力，如果前提改变了，结果会怎样？有思考能力的孩子很容易成为同龄人的领导者。

（3）给他们一个机会。

领导力需要在实践中磨炼。父母应该鼓励孩子参加学校组织的各种活动，给孩子展示自己的领导技能创造机会。但是，你需要确保你的孩子在自己感兴趣的领域做领导者。有些孩子很乐意成为运动场上的领袖，有些孩子特别喜欢当班干部，但也不是每个孩子都想成为班长。

一个才华横溢的作家可以成为校报的编辑；擅长国际象棋的孩子可以力争成为学校象棋俱乐部的主席。做自己感兴趣的事情，有助于孩子们在他们擅长的领域领导别人。

（4）认真对待孩子们的梦想。

父母应该认真对待孩子的梦想，鼓励他们建立自己的理想，在适当的时候问他们诸如"长大后你想成为什么样的人？"或"你打算怎么做？"作为家长，要发现孩子们的理想并且思考如何将他们的理想转化为现实。

（5）教孩子学会尊重他人、灵活应变，并具有责任感。

约翰·罗斯蒙多是"积极育儿研究中心"的家庭心理学家，他认为，父母应该在孩子身上培养的基本品质包括尊重他人、灵活性和责任感。

家长们应该摒弃那种认为领导者应该居高临下的旧观念，告诉孩子们，要想成为一个真正的领导者，就要把自己当成团队的服务提供者，为团队的利益做出贡献，赢得大家的信任和支持。

5. 自主选择，让孩子做个有主见的人

　　哲学家萨特曾说："人有选择的自由，但是人没有不选择的自由。"这句话道出了一个真理：人生处处有选择。

　　在短暂而又漫长的一生中，我们无时无刻不处于选择和被选择的状态中。选择是一种能力，这种能力应该从小培养。谁能够把握住机会，在面对选择时理性地做出决定，谁就掌握了自己人生的命运。

　　帕瓦罗蒂会爱上唱歌，和他的父亲有很大关系。帕瓦罗蒂的父亲喜爱歌剧，买了很多唱片，有卡鲁索的，有吉利的，也有佩尔蒂埃的。帕瓦罗蒂听了非常感兴趣，他的唱歌天赋也在这时显现了出来。

　　长大后，帕瓦罗蒂仍然喜欢唱歌，但他想成为一名教师，因为他更喜欢孩子。所以他努力地学习，考上了一所师范学校。在师范学校学习的时候，帕瓦罗蒂成了一位名叫阿利戈·波拉的职业歌手的学生。临近毕业，帕瓦罗蒂感到很纠结，他不知道自己该成为一名教师还是一名歌手，于是他去询问父亲的意见，他的父亲给出的回答是："你

需要选择拥有其中一种，因为如果鱼和熊掌你都想要的话，你可能哪一个都得不到。"听了父亲的话，帕瓦罗蒂选择成为一名教师。但是，因为年轻，加上又是刚开始从事教师这个职业，缺乏经验，所以帕瓦罗蒂在学生面前没有权威，学生们经常会给他捣乱。最后，帕瓦罗蒂离开了学校。而后，他便选择了歌唱这条路。

帕瓦罗蒂的父亲把他介绍给了"罗西尼合唱团"，那时他17岁，他开始和合唱团一起在音乐会上表演，经常在免费的音乐会上唱歌，希望能引起"伯乐"的注意。但努力了近7年，帕瓦罗蒂仍然没有什么名气，他看到自己身边的朋友都有了自己的定位，该结婚的结婚了，该生孩子的都生了孩子，只有他，还无法养活自己，他的心情很烦躁。更不幸的是，就在这时，他的声带上出现了一个小疙瘩。在一次音乐会上，他像个脖子被掐住的男中音，被满场的观众嫌弃。这件事让他有了想要放弃的念头。但是冷静下来后，帕瓦罗蒂想起了父亲的话，继续坚持了下去。

几个月后，帕瓦罗蒂从一场歌剧比赛中脱颖而出，并于1961年4月29日在雷焦埃米利亚市剧院演唱了著名的歌剧《波希米亚人》。演出结束后，所有观众都为帕瓦罗蒂鼓掌。第二年，帕瓦罗蒂应邀到澳大利亚演出并录制唱片。1967年，他被伟大的指挥家卡拉扬选为威尔第《安魂曲》的男高音独唱者。从那以后，帕瓦罗蒂逐渐成为国际舞台上最优秀的男高音。

后来，一名记者问帕瓦罗蒂成功的秘诀时，帕瓦罗蒂说："我的成功在于我选择了正确的方向。一个人如果想展现他的才华，就要选对人生奋斗的方向。"

获得成功需要有很多因素，也有很多变数，这些都不是人为可以控制的。因此，强行控制孩子的选择不仅不能取得良好的教育效果，还会给孩子带来极大的危害。

有人说中国父母太累了，太负责任了。的确，很多时候，父母成了孩子的"代理人"，从生活琐事到思考问题，每件事都替孩子决定好了。事实上，这样做，孩子们会很容易形成依赖性和惰性，缺乏独立意识、自我照顾能力、自我调节和管理能力。

儿童的成长是一个不断发展变化的过程。孩子在成长的道路上会遇到许多十字路口，随时面对选择。父母应该注意培养孩子自主选择的能力，虽然有些孩子还小，但他们也有自己独立的个性。如果父母能给孩子选择的权利并尊重他们的选择，孩子就会对自己负责。

第四章

一味良药，成功源于鼓励

1. 孩子别怕，你肯定能行

约翰·杜威曾说："人类本质里最深远的驱策力就是希望自身具有重要性，希望被赞美。"可见，每个人都希望被赞美，孩子也不例外。

心理学研究表明，适当地鼓励和表扬孩子，可以在塑造儿童行为和培养孩子良好性格方面发挥重要作用。鼓励是家庭教育中最重要也是最有效的教育方法之一。每个孩子都需要不断的鼓励来获得自信、勇气和进取心，就像植物每天都需要浇水才能生存，才能长得更快更好一样。实验表明，在快乐的心态下学习，无论是感觉、知觉、记忆还是思考，都能处于最佳状态。

小宇的爸爸想让小宇得到更好的锻炼，于是决定带小宇去家附近的公园里玩秋千。当爸爸把小宇抱到秋千上时，小宇害怕得哭了起来。爸爸看出了小宇的恐惧，知道劝导可能没什么用，就把小宇抱了起来，安抚小宇的情绪。

第二天，爸爸又带小宇去公园玩，这一次，他带上了小宇的小伙伴小肖一起去，然后将他们带到了秋千面前。爸爸决定让小宇先看看小肖是怎么玩的，然后鼓励小宇去请教小肖，他觉得这样也许可以缓解小宇对秋千的恐惧。

小肖很自然地坐上了秋千，然后玩了起来，丝毫不害怕。

"小肖，你真勇敢！"小宇看小肖在秋千上荡得很高，大声喊着。

"你要不要也去试试？"爸爸借机问小宇。

"好吧，但我不想荡得那么高。"小宇说。

这时，小肖鼓励小宇说："我第一次荡秋千时，也特别害怕，当时我妹妹对我说，让我先学会，然后教她，我就鼓起了勇气，因为我要给妹妹当榜样。"

小宇听后，勇敢地坐上了秋千。这时，爸爸在旁边鼓励小宇："每个人第一次荡秋千时都会感到害怕，爸爸也是，我第一次荡秋千时比你还要害怕，在上面根本不敢动，你比爸爸勇敢多了。"

小宇听了爸爸和小肖的讲述，顿时放松了下来，觉得荡秋千没有自己想的那么吓人。

第三天，小宇的爸爸又带着两个孩子去公园里玩秋千，离秋千还很远时，小宇和小肖两人就向秋千冲了过去，然后兴高采烈地荡起秋千来！

在成长的过程中，孩子们会遇到很多他们从未经历过的、看似可怕的事情。只要父母给予孩子适当的指导和鼓励，孩子就会变得勇敢，最终克服困难。

有时，父母也可以为孩子找一个"榜样"来激发孩子的勇气，这是一个很有效的方法。

2. 鼓励是孩子进步的动力

研究表明，父母鼓励和信任孩子，能使孩子对学习和生活更加积极乐观。如果孩子们不断得到父母或老师的鼓励和认可，心情就会变得愉悦，并且充满动力。

学校组织了一场表演活动，希望每个班级都能出一个节目。苗苗的班主任准备让孩子们排练一部短话剧。消息一公布，苗苗便热情地想要参与进去。定角色那天，苗苗回家后面露难色，嘴唇紧闭。

"你被选上了吗？"苗苗的爸爸小心翼翼地问她。

"是。"苗苗只说了一个字。

"那你怎么不开心呢？"爸爸问道。

苗苗说："我们要排的短剧只有4个人物：爷爷、奶奶、孙子和孙女。

"那你的角色是什么？"

"他们让我演一只宠物！"说完，苗苗跑回了自己的屋子。

对于苗苗要演一只动物这件事，全家不知该恭喜她，还是该安慰。饭后，爸爸和苗苗谈了很久，最后，苗苗接受了自己演宠物这个事实。不仅如此，苗苗还积极地去参加每次排练。

苗苗的妈妈很纳闷，一只宠物有什么可排练的？但苗苗却练得很投入，还买了一副护膝。说这样她在舞台上爬时，膝盖就不会疼了。苗苗还和妈妈说，她的动物角色名叫"危险"。妈妈注意到，每次排练归来，苗苗的脸上都会露出开心的表情。直到看了演出，妈妈才真正了解为何苗苗会那么开心。

活动当天，妈妈偷偷环视四周，整个活动现场都坐满了人，其中有很多熟人和朋友，她赶紧低下了头。自己的女儿演一只宠物，毕竟不是很有面子的事。

过了一会儿，演出开始了。先出场的是"爷爷"，他慢慢地坐在摇椅上，然后叫家人一起讨论中秋节的意义。接着"奶奶"出场，然后是"孙子"和"孙女"，他们坐在沙发上讨论着。每个人都发表了见解后，苗苗穿着一套黑色的、毛茸茸的狗衣服，手脚并用地爬进了场。她不是简单地爬，而是蹦蹦跳跳、摇头摆尾地爬到舞台中间，她先在小地毯上伸了个懒腰，然后才在沙发前躺下来，开始呼呼大睡。一连串的动作，惟妙惟肖。接下来，剧中的爷爷开始给全家讲中秋节的故事，爷爷在讲故事的过程中学了一声猫叫，这时苗苗突然从睡梦中惊醒，机警地四下张望，仿佛在说："猫？哪有猫？"神情和家里的小狗一模一样。苗苗的妈妈用手掩着嘴，强忍住笑。爷爷继续讲："突然，轻微的响声从屋顶传来……"昏昏欲睡的苗苗又一次被惊醒，好像察觉到了异样，仰头看着屋顶，喉咙里发出低吼的声音。太像了，苗苗一定练习得很努力。

很明显，这时候台下的观众已经不再注意主角们的戏了，观众们的双眼全被苗苗吸引了。其他人的对话还在继续，苗苗幽默精湛的表演也没有间断，台下的笑声更是此起彼伏。

当天的表演，苗苗的角色没有一句台词，却是整场戏中最亮眼的。后来，苗苗对妈妈说，让她改变态度的是爸爸的一句话。分完角色的那天，苗苗的爸爸对她说："如果你用演主角的态度去演一只宠物，宠物也会成为主角。"

妈妈听了恍然大悟。与其埋怨自己的角色不好，不如全力以赴。那样，再小的角色也有可能变成主角。

这位爸爸教育孩子的方法很好，他没有埋怨老师没有为女儿安排一个好角色，也没有劝女儿放弃这次表演，而是鼓励女儿要用一个良好的心态去对待自己的角色，并让她全力以赴去发挥作用，鼓励她只要用心去表演，就一定可以演得很好。

适当的鼓励和建议会影响一个人的一生。好的鼓励和提示可以让孩子更加自信、勇敢，并帮助孩子积极地面对生活中遇到的挫折。

孩子们需要鼓励，就像植物需要水一样。想让自己的孩子长成参天大树的父母们需要加倍地鼓励孩子。父母应该鼓励孩子自信，让孩子在生活中锻炼自己、展示他们的能力。让孩子们证明自己的智慧，是对孩子最有效的鼓励。这种鼓励，往往也会使他们在生活中变得更强。

3. 没关系，尽力就好

孩子本身可能对输赢没有太大的反应，但是很多成年人在孩子赢的时候给予奖励，在孩子输的时候给予批评，这会极大地影响孩子对输赢的定位。在"第一名是最好的"理念下，孩子如果能力很弱，一直得不到第一，他就会很没自信；而如果孩子的能力很强，从来没有落后过，他又会在夸赞中变得骄傲自满，看不起别人，又或者因为一次失败而钻牛角尖，从此一蹶不振。

所以，当孩子刚刚开始理解输与赢的概念时，家长应该把自己的虚荣心降到最低，只要孩子"尽力而为"，无论结果如何，都要给他真诚的赞扬和鼓励。

麦克是一个黑人，从小就因为种族歧视而受到不公正的对待，这让他深感自卑。大学毕业后，他决定创办自己的杂志。然而，创业资金成了首要的问题，因为银行拒绝贷款给黑人，除非他抵押大量财产。无奈之下，麦克从母亲那里借来了母亲半生的积蓄。

努力了一年后，麦克的杂志卖出去了，他赚到了第一笔钱，也把向母亲借的钱还给了母亲。可是没过多久，金融危机来了，麦克的事业受到了打击，甚至连填饱肚子都变得困难。许多人嘲笑他不适合做生意，但他毫不在意他人的嘲笑，一边打工一边为重新建立公司努力。

几年后，他又创办了杂志社，人们对他竖起了大拇指。然而不幸的是，就在他着手一个雄心勃勃的项目时，几位股东突然退出，杂志社再次陷入困境。与此同时，在他周围，又有很多人说起他的闲话。

麦克灰心极了，对母亲说："我这次真的失败了。"

母亲问他："孩子，你尽力了吗？"

麦克说："我尽了最大的努力，但也没什么用。"

"不，孩子，努力是永远不会没用的，你不要在意别人的闲言碎语，人生不是以成败论英雄的。你只要做好自己，坚持下去，就没有人会看不起你。"母亲说。

母亲的话使麦克想起了他上次失败后人们对待他的态度。

失败不可怕，可怕的是放弃。只要可以竭尽全力并坚持下去，就没有人会是"失败者"。想通了这一点，麦克又拾回信心。后来，他努力工作，最终使他的杂志社成了该地区发行量最大的杂志社，他取得了真正的成功。

其实，从简单的几句话中，孩子就能感受到父母的支持和肯定。父母肯定孩子，孩子就像吃了定心丸一样，更加有勇气。当孩子能够分辨是非时，父母的信任会让他们摆脱不必要的思想负担，在追逐梦想的道路上更加坚定。

在研究孩子学习成绩为何不佳的过程中，家长应该学会理解孩子，这样才能激发孩子的潜能，促进孩子的优秀表现。

对父母来说，最重要的是首先让自己保持正确的心态。父母平时可以为孩子制定具体的学习计划，但是，这些计划在考试前那段时间并不适用。在考试前，孩子应该减压，而不是加压。所以，无论孩子是想看电视还是玩游戏，都应该适度支持，不要过多干涉。这并不是说你的孩子可以形成一种"哦，好吧，随便吧"的态度，相反，尽你最大的努力从错误中吸取教训，并考虑下次该如何改进，才能让孩子变得越来越好。

作为家长，你该如何客观地帮助孩子处理他的错误？

首先，家长自己必须稳定情绪。如果孩子尽力了仍达不到预期效果，要告诉孩子尽力就行。

其次，要耐心引导。当事情没有如你所愿时，不要因为失败而生气。和孩子谈谈你的想法，告诉他你打算怎么做，以及这样做的结果是什么。同时，也邀请他和你谈谈下次要怎么做。尽量让孩子觉得你是在帮助他认识错误，而不是在责备他。

4. 再试一次，可能更好

现在大多数孩子都很活泼开朗，但也有很多孩子性格内向，做事胆小，不敢参加小组活动，不敢在讨论中发言，不敢回答老师的问题。这样的孩子往往会因为胆小怕事而失去前进的机会。

在漫长的历史发展过程中，人类经历了从丛林到平原、从狩猎到种植再到机器生产的开拓创新阶段，社会文明的每一次进步都是以生产方式的创新为基础的。同样，儿童的成长也应该坚持与时俱进的理念，在未来的工作中不断开拓新的视野，这需要父母鼓励孩子大胆尝试。

热好食物的提示音响起，琼斯把微波炉打开，然后将毛巾放在手里，把盘子端了出来。

琼斯的儿子杰克看到了也想那么做。当时杰克四岁半，这对他来说是有些危险的，不仅可能把盘子摔到地上，还可能烫伤他的手。琼斯知道杰克对微波炉很感兴趣，决定教杰克正确的取食物的方法，让他知道碰热腾腾的盘子会有什么危险，并教他避免这种危险的方法。

琼斯把微波炉的电源拔掉了，然后端来一盘温的菜。琼斯告诉杰克，当微波炉运转时，里面的盘子和食物会被加热，所以需要在手上放一条毛巾来取盘子，并且不可以让盘子倾斜，不能让盘子里的食物掉出来。

第一次尝试时，杰克没拿稳盘子，里面的食物掉在了杰克的手上。那菜是温的，所以只轻微伤到了杰克的手臂。

"那是因为你没有足够的力量，"琼斯说，"你需要用两只手一起捧。"

说完，琼斯又把菜放进微波炉里。

"爸爸，我不想拿了。我知道这很危险，我再也不会碰它了。"杰克说。

"你必须再试一次，你有这个能力。"琼斯鼓励杰克，"你可以按照我教你的方法再试一次。"

杰克在琼斯的指导下又试了一次。这次，他安全地把装着菜的盘子从微波炉里取了出来。

琼斯的想法是，给孩子一次失败的机会，然后帮助孩子纠正错误，让孩子获得成功。这不仅能够让孩子掌握生活常识，还能教给孩子一种正确的生活态度。

孩子的勇气不是与生俱来的。有些孩子天生沉默寡言，害怕陌生人，害怕表达自己，父母应该把这看作是一种性格特征，而不是把它当作孩子的缺点。

有些孩子胆小，做父母的也有责任。父母过分忧心安全问题，总是吓唬孩子，不管孩子做什么，父母都告诫他这很危险。随着时间的推移，孩子们会得出这样的结论：最安全的方法就是什么也不做。而这种结论，在我们成年人的眼里，就是胆小，没有勇气。

生活告诉我们，没有一种成功是不经过努力就能得到的。从古至今，所有的成功都来自勇敢的尝试，这是成功的基石。凡事都有第一次，但不是每个第一次都会成功，如果你继续试一试，也许一切都会有所好转。

那么，父母应该如何培养孩子的勇敢尝试的精神呢？

（1）赞美是必要的。

父母应该欣赏孩子在尝试时的创造力。例如，一个孩子用西瓜皮做帽子，用手电筒做麦克风……这些都是孩子们创造力的种子。父母不仅要表示对孩子的赞赏，还要表现出自己对孩子如何做这件事的期待。父母的鼓励将使孩子保持创造性，并促使孩子去创新。

（2）教育孩子不要被模式化的思想束缚。

在心理学中，刻板印象是指，人们总是以同样的方式思考、理解和记忆问题。随着时间的推移，人们在思考问题时就形成了一种习惯，只考虑一个方面，在思考中形成了所谓的"偏见"。

因此，父母应该鼓励孩子们放下"偏见"，走出思维的固化模式，大胆尝试不同方法。只有这样，孩子们才能取得成功。

（3）为孩子提供尝试的机会。

在做游戏、玩玩具、做手工艺品、参加比赛、做家务等活动中，应该给孩子创造机会，让孩子去尝试，这样，孩子才能够通过自己的努力体会到胜利的喜悦。

例如：如果孩子想要帮妈妈洗碗，不要因为担心他会打破碗而拒绝他，最好教他如何做不会犯错与受伤，再教他怎样能把碗洗干净，然后当孩子洗碗时，称赞他做得好。这会使他对自己的能力感到更加自信。

（4）帮助你的孩子建立坚定的信心。

孩子们需要尝试着努力工作才能变得大胆和创新，尤其是当他们在做他们没有做过的"工作"时。失败是不可避免的，父母所要做的就是帮助孩子树立信心，迎接艰难的挑战。

（5）鼓励孩子多尝试，多体验。

孩子们喜欢玩东西，比如一块石头、一张纸，都可能是他们喜欢的玩具。他们碰到一块石头，知道石头是硬的；

摸到一张纸，晃动和折叠它，就知道纸是软的。在这种尝试中，他们可以学到很多生活常识，获得很多经验，也可以为以后的发明创造奠定基础。

因此，父母应该鼓励孩子多尝试，不要总是限制他们的活动。为了让孩子有所作为，父母必须给他们一个机会，让他们去尝试一些新鲜的事情并表扬他们。事实上，在这个过程中有很多第一次，不让孩子尝试，孩子就永远不会长大。

(6) 当尝试失败时，孩子们应该受到启发。

对一个孩子来说，尝试并不总是容易的，他们很可能会失败，这时就需要父母的鼓励。例如，如果一个孩子试图自己剥鸡蛋，结果鸡蛋被压碎了，你可以鼓励他说："没关系，下次你会剥好的。"这样，孩子不但不会因为自己的错误而丧失勇气，还会在下一次尝试中更加认真与努力。

5. 引导孩子克服困难

勇敢是一种象征孩子个性的特质，但是，这种特质被越来越多的父母忽视。许多孩子最大的缺点就是胆子太小。父母必须让孩子认识到，只有变得勇敢，才能克服困难和内心的恐惧，最终取得成功。

一个周日，明明从爷爷家回来，一进门就哭了。

妈妈问了才知道，明明这周末的作业是一篇作文，周一早上交，但是他还没有完成。他问妈妈："妈妈，我怎么跟老师解释呢？"

"儿子，"妈妈说，"去花园里玩会儿吧，我半小时后叫你。"

"但是我的作文怎么办？"明明还是有点担心。

"玩的时候不要想作文，妈妈会帮你想办法的。"妈妈说。

于是，明明放心地跑进花园，开心地玩了半个小时。

"现在，明明，我要你坐在窗边，拿一个本子和一支笔，把你看到的都写下来。"妈妈说道。

"可是妈妈，我什么时候开始写作文呢？"明明奇怪地问。

妈妈轻轻拍了拍明明的小脑袋，说："不要想你的作文，先做我让你做的，之后再慢慢谈作文的事。"

明明觉得妈妈的要求有点奇怪，但他知道妈妈这么做一定有她的道理。于是，他拿起纸和笔，坐在窗边，开始观察外面的情况。

"妈妈，有一只鸟飞过哦！"明明开心地说。

"别跟我说话，看见什么，就把你的想法写下来。"妈妈提醒他。

明明忍不住笑了，他觉得这是一件有趣的事情。过了一会儿，他在纸上描述了日落、小山、树木、远处的河流、开满鲜花的花园和从窗户飞进来的鸟儿。

正当他要再写一张纸的时候，妈妈进来了，笑着问："明明，你的作文写得怎么样了？"

康康惊道："作文？你不是告诉我不要理会我的作文。我还没想过怎么写呢。"

妈妈拿过明明的纸，大声念着明明刚刚在纸上写的内容。念完之后对明明说："明明，你看，这其实就是一篇很好的作文。如果写一些你感兴趣的东西，想写一篇作文真的很容易。"

明明听完妈妈的话恍然大悟，原来在不知不觉中，自己就把作文写完了。

当孩子遇到困难时，他们会产生逃避的心理，会想要放弃，这个时候就需要父母来引导孩子勇敢地面对困难。

具体事情具体分析，然后采取相应的引导方法。这样有助于培养孩子坚强、不气馁的良好品性。

在孩子的生活中，会面临许多挑战和选择。只要父母给予正确的引导，帮助孩子把困难简单化，把孩子觉得不能完成的事情通过另一种形式变得有趣，孩子就可以很好地克服困难。

6. 制造机会，鼓励孩子自立

没有父母能把控孩子的一生。孩子的未来，包括学习、工作和事业，都要靠自己去打拼、努力、奋斗。如果孩子没有自力更生、自强不息的意识和精神，是很难取得令人满意的结果的。

父母应该明白，独立既是生存的必要条件，也是孩子健康成长的必要条件。

小雪是家里唯一的孩子，她的母亲总是很细心地安排她的生活，弄得小雪总是不耐烦地对妈妈说："妈妈，你管得太多了，我可以自己管理自己的生活。"

妈妈想了想，打算给女儿创造一个机会，看看她是否能做到独立生活。

一个周末，小雪的爸爸去别的城市出差，小雪的妈妈觉得时机到了，便也离开了家，只给小雪留了一张纸条，上面写着："小雪，你的爷爷生病了，需要我去照顾他，可能三天，也可能一个星期，我都不会在家，希望你能自己照顾自己。有什么事情就给妈妈打电话。"

小雪的妈妈离开时想：这几天自己不在家，她会过得怎么样呢？没有我，她能过好吗？我觉得可能不行，估计第一天就会给我打电话求救。

妈妈走后的第一天，小雪玩了个痛快，把房间弄得乱七八糟。第二天，她醒来发现屋子里一片狼藉，知道不能再玩得这么疯了，便开始整理房间，然后给自己准备午餐。

三天后，小雪的妈妈回来了。当她看到干净的房间和活泼的女儿时，她突然意识到是自己想错了。她的女儿已经很独立了，这三天里，她没给自己打过一次电话，把自己照顾得很好。

从此，小雪的妈妈不再任何事都帮着女儿去做，因为她已经知道了自己的女儿很独立。

不要低估孩子的能力。孩子有自己的生活方式，只要告诉孩子必要的安全知识，就可以让孩子做他能做的事，并让他体验独立的生活。父母只需要像朋友一样站在孩子身边，做他的辅导员和启蒙老师，但最终决定权在孩子手中。当孩子的决定明显不为他人考虑时，父母可以在与孩子讨论的过程中让孩子意识到自己的问题，然后帮助他调整自己的想法。

7. 坚持一下，你会成功的

挫折可以加速一个人的成熟，困难可以磨炼一个人的意志，只有不懈努力才能取得最后的胜利。所以，家长应该让孩子学会在困难面前坚持与努力，那样才能得到胜利的喜悦。

马力很喜欢打篮球，父母希望他能在自己喜欢的领域有所成就，便把马力送到了篮球培训中心练习打篮球。培训中心里有很多孩子，那些孩子篮球打得都很不错。马力之前没有接触过相关的训练，所以他打得不太好，训练的时候经常被队友嘲笑是"业余选手",这让马力感到非常沮丧。

一次放假,马力回到家问父亲自己是不是没有打篮球的天分。父亲没有直接回答他,而是给他讲了一个故事:

有一个著名的推销员,他的退休会议吸引了许多崇拜他的人去参加。当有人问他推销的秘诀时,他决定对他们开诚布公,所有人都非常期待他的讲解。

演讲还没开始,四个壮汉从后台走了出来,他们抬着一匹铁马,铁马下面坠着一只大铁球。观众都不知道推销员下一步要做什么。

这时,著名的推销员走上舞台,一句话也没说,敲了一下球,球没有动。5秒钟后,推销员再一次敲球,球还是没有动。随后,他每隔5秒便敲一下球,球仍然没有动。半个小时过去了,他一言不发地敲着球,铁球始终没有动。

"这就是你想要告诉我们的秘密吗?"观众开始骚动,人们开始感到不耐烦,有的人甚至悄悄离开了。

但推销员坚持敲着铁球。随着时间的推移,越来越多的人离开,最后只剩下几个人。

这个时候,大铁球慢慢开始动摇。40分钟后,球迅速晃动起来。

"我要告诉你们的秘诀就是,坚持是值得的,只有坚持到最后的人才能知道这个秘诀。"推销员终于开口了。

父亲讲完故事后接着说:"马力,给你讲这个故事是希望你能知道,只要你每天努力练习,每天取得一点进步,总有一天，你会成为优秀的专业选手。"

马力听了父亲的话，开始努力地训练。

每名球员的目标都是成为职业球队的主力。在那个时候，职业篮球队经常来篮球培训中心挑选他们要培养的球员。每次马力都希望自己被选中，但马力知道自己太矮了，打球也有些迟钝。多次没被选中后，马力开始觉得自己可能真的不适合打球，于是他想要放弃。但每次想要放弃的时候，他总是想起父亲给他讲的故事。于是他又会对自己说：坚持住，不要放弃。

终于有一次职业篮球队来挑选人，马力被选中了。

家长永远不应该对孩子失去信心，而是应该给孩子更多的鼓励，让孩子知道只有坚持不懈地做每一件事，他们才有机会获得最终的成功。

父母还应该告诉孩子，获得财富和知识的过程就像是在爬山，只有通过坚持和积累，才能到达自己向往的目标。

第五章

好方法，让你的表扬立竿见影

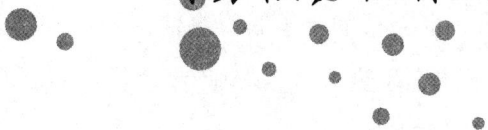

1. 别忘记，每天夸孩子一次

俗话说，数子十过，不如奖子一长。表扬和鼓励孩子是家庭教育的一门重要艺术。

表扬不仅能让孩子感到快乐，也能帮助孩子获得自信，激发他的积极情绪和欲望。这种自信和热情是培养学生学习、探索，形成良好心理素质的重要动力。

易航在一次打球时，踝关节脱臼，还严重拉伤了韧带，这让母亲很担心。

易航最喜欢的就是打篮球，在他的父母看来，即将进行的那场篮球比赛可能是一件小事，但对于热爱篮球并且愿意为此付出很多的易航来说，这是他们生命中特别重要的事情。

易航的父母决定让孩子放弃比赛，好好休息，然后准备动手术，但这个决定立即遭到了易航的反对，他坚信自己的脚还好，一定能坚持比赛。

他的母亲知道，如果坚决阻止他或批评他，他会感到厌恶和反感，最好的办法是引导他改变主意。

一天，他的妈妈对他说："易航，妈妈知道你非常喜欢篮球，想成为职业篮球运动员。我也相信，通过努力，你能做到。但是，一个优秀的篮球运动员最重要的不是拥有一个健康的身体吗？"

易航回答："妈妈，我的身体真的很好，韧带也很好，我的脚一点也不疼。"

"你的身体状况不是很好，我希望你能真正了解你的状况。医生说你步行和慢跑没有任何问题，但如果你做剧烈的运动，这是非常危险的。你难道要冒险，让一场比赛毁掉你以后成为篮球运动员的机会吗？"妈妈温柔地对易航说。

易航低下头，有些疑惑地问："妈妈，真的那么严重吗？"

"儿子，妈妈没有夸大任何事情，只是说了你可能要面对的情况！我已经为你请教了很多专家，他们说只要你动手术，把骨头移回原位，你就能跳得和之前一样高，你就能走出医院回到球场。"妈妈说。

在妈妈的开导下，易航接受了手术，并在医生的指导下积极治疗。

做过手术后，有很长一段时间不能打球，易航感到很沮丧。

为了开导易航，他的母亲每天都鼓励他，坚信他将来一定能够成为一名篮球明星。只要易航取得一点进步，他母亲就会表扬他。渐渐地，易航恢复了微笑，变得不再那么消极。

后来，易航终于痊愈，重新回到篮球场上挥汗如雨。他的妈妈会表扬他在每场比赛中的表现，这让易航变得越发有自信了。

根据研究，经常被父母和老师表扬的孩子，比很少被父母和老师表扬的孩子做事情的成功率要高五倍。

如果孩子的手今天是干净的，那么第二天他的手也会很干净；如果他今天作业完成得比昨天好，他明天的作业就会完成得更好；如果你今天表扬他很有礼貌，明天他就会更注重礼貌。

孩子在接受大人的赞美时，不仅心情愉快，也能学会分辨对错，这比父母直接告诉他该做什么不该做什么效果更好。

有些父母说他们的孩子表现不好，没有什么值得表扬的。如果你这么认为，那你就大错特错了。孩子们每天都在成长和变化，父母必须善于发现孩子身上的变化，例如，孩子们对知识的渴望、孩子们的善良和纯真。我们应该像尊重朋友一样尊重我们的孩子。

一个名人说过："聪明的孩子在爱、赞扬和鼓励中成长。教育的重点是'培养'，孩子就像一棵幼苗或一朵花，成长的过程需要阳光和雨水，而不是风和霜。"

2. 站在最美的角度赞美孩子

　　每个孩子都想被表扬，但并不是所有的表扬都能给孩子带来好的教育。这要求家长在赞美孩子的时候把握好赞美的角度和方法。

　　蕾蕾曾经参加过一次学校运动会，在长跑比赛中获得了第四名，这是她最不擅长的一个项目。比赛一结束，爸爸就表扬了她："今天，你跑得很稳，表现得很好。"母亲拍了拍女儿的肩膀说："蕾蕾，你比妈妈小的时候厉害多了。你今天不但坚持了下来，而且在最后冲刺的时候表现得很好，你的同学都说你很厉害！"

　　蕾蕾听了拍了拍胸口，说："我下次会跑得更好！"

　　表扬孩子并不像我们想象的那么简单，这需要你组织好你的想法，知道怎么去表扬才能给孩子正确的心理暗示。有时，你可以是孩子的父亲或母亲；有时，你可以是孩子的朋友；有时，你可以是一个陌生人或旁观者。你可以担任任何角色，以帮助孩子分析和解决问题。

世界上没有两片完全相同的树叶，也没有两个完全相同的孩子，每个孩子都有自己的特点，这些特点是孩子个性的一部分。简单的训斥和苛刻的要求只能唤起孩子的叛逆心理，把他推向人格不健全的深渊。当父母发现孩子性格中的负面特征时，应该首先反思自己的教育方式，帮助孩子一步一步走出狭隘的世界，让孩子找到更多的乐趣。那样，不管是在人际交往中，还是在社会生活中，孩子都可以逐渐变得更优秀。

尊重和爱是孩子的基本心理需求。父母或老师真诚地欣赏和赞美孩子对孩子来说有很大的影响。父母应该学会从多角度发现孩子的长处，用内心的喜悦感染和打动孩子，让他保持健康积极的心态。

3. 适可而止，不要让表扬太廉价

表扬是教育孩子的一种方法，但通过调查发现，这种方法在父母的广泛使用中存在着一些不恰当的问题，并由此引起了越来越多的不良后果。

侯丽的女儿上小学四年级，为了让女儿在各个方面都有好的表现，她经常表扬鼓励女儿。

在家里，无论她的女儿做了什么，即使只是一些琐碎的事情，或者取得了一点成功，侯丽都会及时地表扬她的女儿。在国际象棋、扑克或游戏中，侯丽总是故意输给女儿，然后热情地称赞她。当然，在侯丽的不断赞扬下，她女儿的表现确实有了很大的提高。

但随着时间的推移，侯丽发现，如果她和丈夫没有及时表扬女儿，或者表扬的话语没有让女儿满意，女儿就会非常不开心，甚至会发脾气。令人担忧的是，习惯于被表扬的女儿根本无法接受别人善意的批评。当她在学习或生活中因为表现不好被老师批评时，她会闹小情绪，甚至无理取闹地大哭。

德国教育家卡尔·韦特说："我们不能让孩子们在成长过程中受到责备，但我们也不能让他们在赞美中度过一生。"

父母表扬孩子的目的是鼓励孩子朝更好的方向发展。适当的表扬可以帮助孩子建立自信，但过分表扬孩子，孩子就会变得依赖表扬，而拒绝批评，即使是善意的批评，孩子也会产生抵触。这样的孩子往往缺乏自我意识，会因期望得到表扬而去做一些事情，没有表扬回馈的事则不会去做。

过度表扬，会给孩子带来不必要的麻烦，也可能会给孩子带来压力，让孩子产生焦虑。所以，父母应该适度表扬孩子。

总的来说，家长应该从三个方面入手来表扬孩子：

（1）针对孩子个性进行表扬。

不要总是说"你很棒""你真聪明"，这种话对孩子最不利。经常以个人取向接受父母表扬的孩子，遇到新的任务，就更愿意选择那些能使自己成功的任务，以换取再一次的表扬，永远要做成人眼中的聪明宝宝。他们害怕失败，总是回避困难的任务。如果他们无法避免，他们中的大多数就会选择放弃。

（2）表扬孩子的工作成果。

"你做得对""你干得很好"，这种赞美的方式比较有效。如果父母只会因为孩子成功的行为而表扬他们，就会让他们觉得好的结果是最重要的。这样一来，当他们失败时，就可能变得沮丧，缺乏自信和变通的能力。

（3）表扬孩子在工作中付出的努力和智慧。

"你真的很认真""你的方法很好"，这种赞美效果最好。因为，经常听到父母这样的表扬，孩子不会感到有压力，不会因为小小的成功而自满，也不会接受不了失败。无论遇到什么困难，他们都会加倍努力，坚持到底。他们会努力克服困难，用各种方法和技巧完成任务。他们关注的是提高自己的技能，而不是别人如何看待他们。

适当的表扬可以积极地引导孩子的心理朝着成年人希望的好的方向发展。这就要求父母要注意孩子的行为，设身处地为他们着想。其实，学会表扬孩子并不难，关键是父母没有这种意识，认识不到它的重要性。

赞美孩子是一门艺术，这并不容易。

4. 赏识不等于简单的赞扬和鼓励

"赏识"不能简单地等同于"赞美"或"表扬",后者是针对孩子良好的行为已经完成而表现出的态度,目的是为了给孩子积极的评价。而赏识则着重针对孩子努力的过程,目的是让孩子们有信心坚持下去。

强强学习非常认真,但无论如何认真努力,他的数学成绩始终不理想。

一天晚上,妈妈给强强讲解一道数学题,讲了三四遍,强强还是不明白。

妈妈很清楚,责骂和埋怨只会使强强对自己失去信心,对他学好数学没有任何帮助。所以,虽然她很着急,但还是耐心地给强强解释了一遍又一遍。

又听了两次,但强强还是不明白。他对自己很失望,沮丧地对妈妈说:"妈妈,我太笨了,我学不好数学。"

听了这话,妈妈不但没有批评强强,反而称赞他:"孩子,其实你不笨,只是你的聪明现在还没有表现出来。天才也是和你一样要去学习的。只要你不灰心,一定能学好数学。"

强强听妈妈说完，找回了一些信心。之后，妈妈又给他讲了一遍题，他终于听明白了。

从此以后，只要遇到不懂的问题，强强就会认真钻研，直到所有的问题都被解决。

父母千万不要对孩子说"你太笨了""你真没用"这种话，而应该根据孩子的能力帮他设定适当的目标。目标太容易实现就不能产生激励的效果，太难了又很容易被孩子抛弃。其中的度，家长要帮孩子把握好。

由此，以下几种方法提供给所有的父母：

（1）为孩子设定"小目标"。

为孩子的实际情况设定一个合适的小目标，本身就是一种有效的欣赏，并且没有"副作用"。

让你的孩子养成晚上睡觉前问自己问题的习惯。例如：我今天为我的目标做了什么？还有，不要强求你的孩子写日记，可以鼓励孩子在"目标日历"上写或画一些东西，比如笑脸，记录一下当天的心情。

（2）在孩子犹豫不决时给予支持和鼓励。

"欣赏"是孩子身后强有力的手和推动他向前的力量。尽量避免用奖励来诱惑孩子，要让他们自己激励自己。不要过分强调孩子的潜力，而要强调孩子"一定能够做到"，这对一些孩子是有效的，但也会给那些天生胆小的孩子增加心理负担。对那些胆子小的孩子，则首先要帮助他拥有勇气。

(3) 当你的孩子失败时，要感激失败。

失败乃成功之母，家长应该用正确的态度去对待孩子的失败。如果在这时家长不去欣赏孩子，孩子不仅会失败，还会因为失败而变得沮丧，这比失败本身更可怕。也不要拐弯抹角地美化孩子的失败，失败就是失败，不管怎样去理解，都不能被描述为成功，这是没有说服力的。同时，失败也不能一味地归咎于客观因素，接纳失败是孩子们非常需要的一种心理素质。

5. 奖励要以精神奖励为主，以物质奖励为辅

家长要摆正观念，明白孩子需要的是尊重、认可和理解，而不只是物质。物质奖励只能给孩子带来暂时的满足，不会持久，只有精神上的愉悦和成就感，才能带给孩子永恒的动力。

王田十岁了，念小学三年级。他平时不喜欢运动，所以特别胖。

周末，其他孩子都跑到足球场去踢足球，王田则躺在沙发上看电视。妈妈想带王田一起出去散步，他怎么也不愿意去。

有一次，妈妈从谈话中得知，他最大的愿望就是拥有一台自己的电脑。

于是，妈妈和王田约定：只要王田每天早上跑步20分钟，每晚睡前做30个仰卧起坐，3个月后，她就会给王田买电脑。

在电脑的诱惑下，王田做到了妈妈的要求。妈妈也说话算数，给王田买了电脑。

然而，有了电脑后，王田开始沉迷于电脑游戏，甚至每天晚上都熬夜玩。而早上，他再也不起来跑步了，晚上也不会去做仰卧起坐了。

滥用物质奖励的父母是得不到他们想要的结果的，有时甚至会适得其反。

我们不禁要问：是什么改变了这个孩子？

心理学研究表明，人的行为动机可以分为内在动机和外在动机。当我们因为对活动本身感兴趣而自发地进行活动时，我们的动机来自自己；而为了某种外在的结果去做某事则是由外在的动机产生的。

当我们使用奖励来刺激孩子的行为时，我们就引导孩子将他们的行为与奖励联系了起来，而没有刺激他们自己的欲望。这样做的副作用就是，一旦奖励不能满足他们的需求，他们就会停止尝试。

一项对700多名儿童所做的研究发现，用礼物奖励孩子或在孩子成功完成某件事后赠送礼物来以示鼓励，会让孩子变得更加功利。

为了激励小野学习，他的父母经常用物质奖励来鼓励他。

例如：小野不愿意做家庭作业，他的母亲就承诺，如果他主动学习，就奖励他10元钱。

在父母的"鼓励"下，小野的学习动机被扭曲了，他努力学习就是为了得到一些物质上的回报。

进入初中后，小野对物质回报的要求越来越高。有一次，他说他的同学都穿着耐克的运动鞋，就让他的妈妈给他买一双。

他妈妈答应他，如果他能在期中考试中考进全班前五名，就给他买耐克鞋。

现在，不管小野想要什么，他都会直接向父母要，一旦父母不能马上满足他，他就威胁父母说："那我就不好好学习了。""下次我就不考高分了。"就好像是他的父母会从他的学习成绩中获益一样！

物质奖励的本质是交换，做得不合理，不仅会扭曲孩子的想法，还会使他们陷入一种"物质欲难以被填满"的心理状态，这会严重阻碍孩子今后的心理发展。

因此，父母在使用物质奖励时应该遵循两个原则：

（1）不要轻易许愿，一旦许愿就要遵守诺言。父母应适度而理性地满足孩子的物质需求，如果孩子的需求太过分，父母应明确地拒绝并解释原因。

（2）父母必须仔细选择奖励物品。父母可以为孩子选择必需品或有益的奖品，如运动器材、书籍等，避免选择昂贵和华而不实的物品，以免孩子攀比。

物质奖励是一把双刃剑，正确地使用可以让孩子知道如何获得自己想要的东西；反之，孩子会变得功利，并养成一些坏习惯。所以，物质奖励要适度。

6. 根据个性做出不同的表扬

每个孩子都有自己的欲望和情感，都有自己独立的个性。父母在表扬孩子时，应根据孩子的个性需求给予不同的表扬，以达到教育的目的。

小爱的父母都是有进取心的商界精英，他们把重心放在了事业上，所以小爱是由奶奶带大的。在别人眼里，小爱的父母都是事业有成的人；而在小爱看来，她的父母一直在花钱。

小学时，小爱的学习成绩一直很优秀，每次考试都是班级第一。当小爱取得好成绩时，她的父母就会给她买各种各样漂亮的礼物。

然而，无论她的父母给了她多少漂亮的礼物，她都没有感觉到丝毫幸福。有时候，小爱收到礼物，连拆开的欲望都没有。

有一次，小爱的妈妈无意中听到她对一个孩子说："每次我去游乐园，都能看到其他孩子都有父母陪着，而我的身边只有奶奶。"

　　小爱的妈妈听到后感到非常愧疚。当小爱再次取得好成绩时，她的父母没有给她任何礼物，而是主动提出陪她去游乐园玩一天。

　　听到这个好消息，小爱立刻惊喜地欢呼了起来。

　　精神上的关怀有时胜过任何物质上的奖励。父母不应该用各种礼物来奖励你的孩子，而应该给予孩子更多的关爱。

　　乐乐小时候只要在书房里看到妈妈在读书，就会拿本书坐在妈妈旁边看。妈妈见乐乐这么小就知道读书，便开始有意识地培养乐乐的阅读和写作兴趣。

　　除了给乐乐买很多她能读懂的故事书外，妈妈还给她买了一个笔记本，鼓励她用文字表达自己对生活和观察到的事物的感受。在妈妈的指导和鼓励下，乐乐逐渐养成了记日记的好习惯。

　　当乐乐读三年级的时候，她妈妈带她去了一次野生动物园。

　　那天，乐乐在野生动物园玩得很开心，回来后，她把在动物园看到的所有有趣的事和感受都记在了日记里。

　　为了鼓励乐乐积极写作，妈妈整理了她写的作文《野生动物公园之旅》，将其投稿到了《儿童报》，作文成功被刊登了出来。

　　日记发表后，乐乐很受鼓舞。从那以后，乐乐就对写日记更感兴趣了。渐渐地，乐乐的写作才能得到了充分的发挥。

每个孩子都有自己的潜力和才能，赞扬孩子时，如果父母能考虑到激发孩子天赋的因素，就能帮助孩子创造奇迹，走上成功的道路。

可见，表扬也是一门学问，也需要"因材施教"。

7. 用具体事例肯定孩子

表扬是激励孩子进步的动力。当父母赞扬孩子时，应该清楚地告诉孩子他们具体做了什么，这样有助于孩子分析自己的能力，下次他们就可以做得更好。笼统模糊的赞美，容易让孩子变得虚荣自负。

陈峰第一次参加中学生篮球比赛时，他的妈妈去现场看了比赛。比赛结束后，他的妈妈并没有简单地对儿子说："你今天表现很好！"而是针对他的技术和成果，详细地对他说："儿子，我觉得你今天抢篮板球时太帅了，还有你那个灌篮真的很精彩。上半场快结束时，你一个高高的跃起，把对方那个眼看就要投入篮筐的球给劫了下来，然后一个利落的转身，就把球准确地传给了你的队友。还有比赛快要结束时，你那个三分球绝杀真是太精彩了，我真为你感到自豪！"

陈峰听着妈妈的话，回忆起妈妈形容的自己的那些表现，心里比他赢得比赛的时候更得意，更有成就感。

母亲这样说，既增加了孩子的自信心和自豪感，又让孩子知道母亲有认真看他的比赛，这在不知不觉中给了孩子鼓励和肯定。而且，母亲对孩子的评价非常准确，描述得很详细。孩子从母亲的信息和赞扬中得到了有用的信息，知道了自己哪些方面可以表现得更好。

一个10岁女孩晚上独自在家时，遇到了一个试图破门而入的歹徒。

两个小时后，她的父母回到家，发现警察正在记录他们女儿的口供。事情发生的时候，他们的女儿还那么小，就可以表现得那么平静，这让他们感到很惊讶。

但是，这对夫妇没有直接赞扬女儿是一个多么了不起的孩子，而是问她事情发生过程的细节，并对她采取的相应的措施表示赞赏和钦佩。

女孩的父亲告诉她："孩子，你今天的行为证实了海明威对勇气的定义——压力下的优雅。你只有10岁，却能在紧急情况下保持冷静，采取必要的措施来保护自己，这很棒。你打电话给邻居，又打电话给警察，并且帮助警察发现罪犯的细节。你今天做的这些事情真让我和你妈妈很佩服！"

女孩听了父亲的话，原本紧张的神经逐渐放松下来，脸上露出了笑容。

女孩没有抱怨自己被独自留在家里，经历了如此危险的事件。相反，她很快就忘记了这个可怕的事件，并且因为自己的举动受到了父亲的表扬而更有勇气和信心了。

表扬孩子时，最好表扬孩子的具体表现。

例如："我今天在运动会上看到你在最后冲刺的时候很累。"

"今天放学后，你不但按时回家，还帮妈妈洗碗，你真是个好孩子！"

"在公交车上，当小偷在偷阿姨的钱包时，你选择悄悄地通知司机叔叔，和司机叔叔一起抓小偷，这个方法真的很聪明！"

通过具体的言语来表扬孩子的努力，能使孩子更加努力来维持自己的优点和优势。同时，孩子也会认为你是仔细观察了他的做法而欣赏他，表明你很关心他。这样，亲子的情感距离就可以在无形中被拉近。

第六章

拿捏有度，批评不过界

1. 就事论事，切勿借题发挥

当你就某一问题批评孩子时，一定要就事论事，有什么问题谈什么问题，不要借题发挥，把问题延伸扩大化，也不要反复提起以前的问题。

一些家长喜欢翻旧账，总是抓着孩子的过去不放，不停地指责孩子，这只会增加解决问题的难度，甚至让孩子产生不想沟通的心理。

开家长会时，李涛的妈妈被老师点名了，说李涛成绩退步。家长会结束后，妈妈带李涛走路回家，一边走，一边狠狠地教训他。回到家，妈妈又把李涛带进了书房，然后把记录李涛从小学一年级到现在成绩的记录册翻了出来，那上面有李涛每次考试的成绩，还有妈妈做的详细的评语分析。

李涛的妈妈挑出李涛上学以来最糟糕的几次考试成绩，对李涛又分析又对比，李涛一直默默地听着。说了一会儿，妈妈感觉口干舌燥便出去找水喝。回来后就看见李涛在哭，还哭得越来越大声。这让妈妈更生气了，她推了孩子几下，然后气得下了楼，留下李涛独自站在书房里大声哭喊。

刚坐下，李涛的妈妈就听到楼上书房传来一声巨响，紧接着就是撕扯东西的声音。她冲到书房，看到地板上一片狼藉。李涛把桌上的东西都打翻了，桌子上的花瓶不仅碎了一地，还把李涛划伤了。

批评的意义是什么？当然是让孩子认识到错误，但绝对不是完全否定孩子。

批评孩子的时候，不应该过分强调孩子的过错，也不要找出孩子过去犯过的错误加以对比。关键是要积极地引导孩子，指出他的过错，并告诉孩子如何改正。

在认真地指出孩子的错误之后，父母可以用积极的话语来激励孩子改正错误，比如："妈妈相信你会很快改正错误的。""在妈妈眼里，你是一个能纠正错误的好孩子。"像这样给予孩子积极的引导，为他指明方向，孩子自然就会去改正错误。

这不仅可以引导孩子以良好的心态去纠正错误，也可以培养孩子独立处理事情的能力，更有利于提高家长的个人内涵和威信。原谅孩子错误的父母更有可能赢得孩子的尊重和欢迎。

批评孩子时，父母应该让孩子明白，你不喜欢的是他的行为，而不是他这个人。要让孩子感觉到：我做了错事，但爸爸妈妈仍然是爱我的，如果我改正错误，爸爸妈妈会更喜欢我。如果你能让你的孩子这样想，那么你的批评才算达到了效果。

孩子们在犯错时压力会很大，过分地批评会伤害他们的自尊，所以要适可而止。

家长应该明白，批评的根本目的不仅是要抑制孩子的错误行为，更重要的是要激发孩子的正确行为。

2. 批评之前，先听听孩子怎么说

为人父母，不该在不知道真相的情况下对孩子做的事情加以判定，尤其是总结出消极的结论。如果你想知道真相，你必须完全理解孩子的想法，这需要给孩子一个解释的机会。

小白个性活泼。自从他的奶奶从乡下来到城市，他整天都待在奶奶身边。饭后，他会和奶奶出去散步。有一天散步时，他用自己的零花钱给奶奶买了一束花。奶奶非常高兴，她笑着说："我活了60多年了，第一次收到别人的花。"

这一天，小白的父亲下班回家。一进屋，就看到家里乱糟糟的，地上有几只小鸭子在走，而小白正在捉鸭子。工作了一天已经很累了，看到眼前的场景，小白的父亲脾气一下子就上来了，喊道："看你把家弄成什么样子了！"小白正要开口解释，他又骂了一句："闭嘴，别狡辩，都要考试了你还玩！"小白忍住眼泪，伤心地看了父亲一眼，转身回到自己的房间，"砰"的一声关上了门。

看到儿子的态度，小白的父亲更加生气了，想去教训教训他。这时，小白的奶奶拦住他说："不要骂孩子，是我弄的，孩子给我买了一束花，我想着送他几只鸭子养养，但是我不小心让鸭子出了盒子，他说我腿脚不灵便，不让我捉，他正在捉的时候你就回来了。"

当一个孩子被发现犯了错误时，父母在没有调查的情况下就进行批评，这完全是"威权主义"在作怪。这种主义会怂恿家长按照自己的思路对事情妄加猜测。

孩子经常会因为淘气而被我们指责。然而，当我们冷静下来，深入了解事情的真相，给孩子一个解释的机会，就会发现，有时候孩子的想法是如此简单可爱，即使他们犯了一些错误，也是可以原谅的。

作为父母，我们应该学会倾听孩子的解释，并且耐心地与他们交流，让他们能够不受委屈地接受我们的教育。

在一档家庭互动的电视节目中，主持人面对一个聪明活泼的小男孩问："小朋友，长大后你想做什么呀？"

小男孩认真地回答："我想开飞机，我要做一名优秀的飞行员！"小男孩那稚气的童音坚定而响亮。

这时，主持人又问："那如果有一天，很多人都坐你驾驶的飞机飞到了很远的地方去游玩，但是飞到一半时，飞机的油用完了，你该怎么办呢？"

小男孩想了想，认真地说："我会让坐在飞机上的人都系好安全带，然后我背上降落伞，跳出去。"

小男孩的回答引起了台下观众的哄笑，主持人也以一种特别的神情看着这个孩子。

或许是台下观众的反应让孩子内心有些受到打击，他嘬着小嘴，眼睛里满含着泪水。这时，主持人似乎感觉小男孩受了委屈，觉得他想要说些什么，于是接着问："你为什么要一个人背上降落伞跳出去呢？"

小男孩略带哭腔地说："我想去拿燃料，然后回来接他们，我一定会回去接他们的！"台下的观众听了小男孩的答案感到很惊讶，随后都露出了赞许的表情。

主持人听小男孩说完，有点感动，便鼓励孩子说："孩子，加油吧，我们相信你将来一定可以成为一个优秀的飞行员。"

顿时，台下响起了雷鸣般的掌声。

如果主持人没有听完孩子的诉说，又怎么会知道小男孩的真实想法呢？台下的观众也就听不到这样出人意料的答案了，更感受不到孩子那真挚而善良的童心。

所以，当孩子犯错时，不要在不知道真相的情况下批评孩子。因为也许孩子的初衷是好的，他们只是没有料到会出现不好的结果。父母应该给孩子辩解的机会，了解事情的真相以后再进行评论，只有这样，孩子才能心悦诚服地接受我们的教育。

3. 与其一味指责，不如多加引导

教育孩子既需要批评，也需要引导。少批评，多引导，两者结合就才能达到好的教育效果。

但现实却是，父母在批评教育孩子时，往往批评得太多，引导得太少。有时，他们甚至盲目批评自己的孩子，抛弃了"引导"的工具。

孩子犯错时，父母严厉的批评并不能帮助孩子认识并改正错误，孩子的内疚会在被批评后变成对父母的反抗。更糟糕的是，如果一个孩子犯了一个错误，被很多批评包围，他可能会感到强烈的自责。如果这种情况发生很多次，孩子可能会变得自卑和消极。

正确的做法是在孩子犯错后给予孩子更多的指导，减少批评，让孩子明白自己哪里错了，该如何纠正和避免。

比如：如果一个孩子不小心打翻了桌子上的一杯水，家长首先要做的不是批评孩子，而是和他一起收拾残局，然后告诉他如何面对这样的麻烦。你要让孩子知道，你相信他不是故意打翻那杯水的，这样孩子就会感到被信任和被关心，下一次就会注意类似的问题。

著名魔术师大卫·科波菲尔被问及为什么能比普通人更自信、更有创造力时，他说这和他小时候发生的一件小事有关。

有一次，大卫看到妈妈不在厨房，就想从冰箱里拿牛奶。因为瓶子很滑，他没拿住，不小心把瓶子弄掉了，牛奶溅了一地。

大卫的妈妈听到了声音，马上跑去厨房，她看到地板上的牛奶，没有对大卫吼叫，也没有教训他，更没有惩罚他，而是温柔地说："哇，你看你搞得一团糟！我从没见过这么大的牛奶池。现在看来，牛奶不能再喝了，所以在妈妈收拾干净之前，你想在牛奶池里玩几分钟吗？"

听了妈妈的话，大卫果然开心地玩了起来。

几分钟后，妈妈说："大卫，你要知道，每次你把家里弄得一团糟后，最好把它收拾干净，你想这样做吗？"大卫点了点头。

"好，我们可以用海绵、毛巾或拖把，你更喜欢哪一个？"

大卫选了一块海绵，然后他们一起把牛奶清理掉了。

之后，妈妈对大卫说："你做了一个失败的实验，用一只手去拿牛奶瓶很容易失手，要不要试试用两只手握住奶瓶呢？来吧，让妈妈把瓶子装满水，看看你能不能拿住。"

在妈妈的引导下，大卫用双手抓住瓶颈，稳稳地拿住了牛奶瓶。

这位著名的魔术师后来回忆道："从那以后，我才明白，不必害怕犯错，错误往往是学习新知识的开始。"

每个孩子犯错都是有原因的，知道错误的原因可以帮助他们在日后去规避那些错误。家长需要和孩子交谈，弄清楚孩子是如何犯错的，这样就可以指导孩子改正错误。你可以对孩子说："犯错不可怕，犯你没有意识到的错误才可怕，因为，你有可能会继续犯同样的错误。"你要让孩子明白，你不会因为他犯了错误而责备他，这样他就不会有太多的心理负担，而且能迅速改正错误。

4. 喋喋不休，并不能起到强调的作用

许多家庭都有一种现象：父母总是不断地提醒、督促孩子做这做那；孩子放学回家时，父母总是唠叨，让他们快点儿学习；孩子看电视的时候，父母会不断地提醒孩子少看电视，早点休息……

孩子整天被唠叨包围着，自然就产生了一种对唠叨的抗拒，面对唠叨变得麻木、无聊，最后干脆充耳不闻。

虽然父母有责任引导、监督孩子的学习和生活，但如果只是一味地唠叨，不仅不会达到想要的效果，反而会造成很多负面影响。

佳佳小的时候很喜欢学习，也总是能取得很好的成绩。但慢慢地，她爱上了课外阅读，课外阅读占用了她很多学习时间，导致她成绩逐渐下降。

那段时间，每当从学校回到家，佳佳就迫不及待地拿出各种文学选集阅读。当然，佳佳也会感到内疚，因为她还没有完成家庭作业，所以她决定看完一篇最重要的文章，然后就开始做作业。

妈妈过来了，看见佳佳没有写作业，有些生气地说："还看，还看，还不写作业！"

佳佳心虚地回答说："读完这篇再写，就10分钟。"

"10分钟，你说的啊，10分钟后我来看你。"

但是妈妈离开还不到3分钟就回来了，她说："看完了？如果你不快点做作业，就要熬夜啦。"

佳佳没有回答她，继续读着文章，觉得妈妈有点烦。

然后，佳佳就听到妈妈在客厅里抱怨着："别人家的孩子一回家就马上做作业，你倒好，非得在那看书，作业就随便写一写，这样成绩能好吗？"

佳佳听得越来越烦，想想也是，成绩越来越差，作业写起来很难，真是泄气！妈妈还在旁边唠叨，书也看不下去了，于是佳佳开始写作业，但始终进入不了学习状态。不到10分钟，她就感觉写不下去了，然后偷偷拿出那本书，又提心吊胆地看起来……自然，佳佳又挨了一顿说，结果是，那天她到12点也没有做完作业。

上面的故事里，女儿说她会在10分钟后开始做作业，母亲就应该信任她。如果她没有按约定的那样按时写作业，再提醒她也不算晚。但妈妈太心急了，她的唠叨使女儿深感沮丧，最后，超过了她所能忍受的极限，她的内疚消失了，取而代之的是厌倦和叛逆。

唠叨就是把一个意思的话重复一遍又一遍，当父母听到他们的孩子说他们唠叨时，他们可能会感到愤愤不平：

我们唠叨也是为了你们好，难道不是因为爱你们才唠叨吗？为什么你们不能理解？

既然父母的唠叨既烦人又让人恼火，那么，父母对于孩子的一些行为究竟应该怎样去纠正呢？

（1）正确把握儿童的心理状态。

一般来说，孩子的精神状态会受到家长不同程度的影响。此时，家长应善于将平时对孩子的了解和与孩子在谈话中观察到的表现联系起来，仔细观察孩子的表情、言语和习惯的变化，准确把握孩子的心理状态。

（2）行动而不是说教。

当孩子懒惰时，不专心阅读时，父母训诫无效时，不妨停止口头规劝，改为行动惩罚。施加适当的惩罚，能让孩子反省自己的过错。如果孩子后悔了，就不要指责他们太多，孩子会在受到惩罚后得到改善。之后，父母应该少唠叨，因为唠叨大部分时间不是在教育孩子，而是在为自己的努力寻找心理平衡。

（3）试着只批评一次。

不要过分批评孩子，对于孩子犯的错，只需批评一次。如果你不得不再次批评，也不要简单地重复，而应换个方式去说。这样，孩子就不会觉得自己犯了同样的错误，他的烦恼、逆反心理也会减少。

5. 不要用恶语伤了孩子的心

　　你可能从来没有想过，你随便说的一句话会对孩子的思想产生多大的影响。你说的话可能会让你的孩子更加听话和自信，但也可能会让他们感到悲伤和沮丧。

　　在一家商店里，小壮坚持要买一个玩具车。

　　"你已经有两个了。"妈妈说。

　　小壮说："我还想要。"

　　妈妈生气地说："你这孩子，怎么这么贪心！"

　　听了这话，小壮坐在地上大叫："我就要，现在就想要！"

　　周围的人都投来惊讶的目光，小壮的妈妈非常羞愧，走了出去。

　　在外面站了一会儿后，小壮的妈妈认为她应该做点什么。她走进去，对小壮说："我知道你很伤心，也很生气。我为刚才说的话道歉。"

　　小壮停止了尖叫和哭泣，迷惑不解地看着妈妈。

　　妈妈说："你想要一个新的玩具车，但我不想给你买。不过，我们可以去其他商店看看他们是否想把它作为礼物送给你。"

于是，小壮高兴地拉着妈妈的手去了另一家商店，问店员是否愿意"送他礼物"。理所应当，他们被拒绝了。之后，他们又去了几家店，这些店也全都拒绝了小壮的请求。

最后，小壮的妈妈还要带着小壮继续去到另一家店时，小壮拉住了妈妈的手说："我不要玩具车了，咱们回家吧，我玩原来的车就行了。"

遇到上述的情况时，很多父母会严厉地斥责孩子，命令他们不要哭闹。但作为一个孩子，有这些情绪是很正常的，父母应该让孩子将情绪表达出来。

为了孩子，从现在开始，请改变你说话的方式。

当谈到对孩子的伤害时，人们首先想到的是被欺负、敲诈、抢劫和父母或老师施加给孩子的身体惩罚。但对于孩子们来说，比起"硬"伤害，他们更害怕的是"软"伤害。在他们看来，"语言伤害"是排在第一位的。

"中国少年平安行动"组委会曾公布了一项内容为"你认为最急迫需要解决的家庭伤害"的专项调查，结果显示：81.45%的被访孩子认为，家庭中"语言伤害"是最需要解决的问题。

经常遭受"语言伤害"的孩子，心智会被扭曲，即使成年后也会有更多的行为障碍和人格弱点，难以适应社会。为了孩子的健康成长，父母应该了解"语言伤害"的严重后果，不要认为几句随意的话不会对孩子造成太大的伤害。有些家长着急生气的时候，可能会说很多话刺激孩子，无意间对孩子造成了心理伤害，但家长本身可能并没有意识到。

该怎样避免对孩子造成心灵伤害呢？以下是给父母的一些建议。

首先，要明确"语言伤害"的严重性，并且高度重视。

其次，采用积极的语言来鼓励孩子。注意不要说任何对他们有害的话，特别是在生气或不耐烦的情况下，我们应该保持理性，控制好情绪，尽量对孩子温柔。

再次，注意批评的艺术。不要说"你是怎么长这么大的""都这么大的孩子了，怎么现在还是这样""我刚才都跟你白说了"之类的话，这会伤害孩子的自尊心和心灵。要多鼓励孩子，说"我相信你能做得更好""没关系，慢慢来，尽力而为"这样的话来帮助孩子适应焦虑、紧张等情绪。

那些已经在言语上"伤害过"孩子的父母该如何改变自己的说话方式呢？

建议使用"拥抱疗法"去除孩子心中的阴影，为你们的亲子关系建立一个顺畅的沟通渠道。

具体的方法分为三种：

（1）紧紧地抱着孩子。

真正意识到你之前在不知不觉中向孩子表达了负面的意见，并真诚地为你给孩子造成的伤害而道歉，表达你对孩子的爱和感激。你可以说："宝贝，对不起，妈妈不应该说你胆小，妈妈知道你是一个非常坚强、勇敢的孩子……"然后开始调整你的指导方向，多使用积极的词汇。

（2）请学会使用反义词。

当你想用一个词评价孩子的行为时，首先要先想到这个词的反义词。例如：把"胆小"换成"勇敢"；以"独立"取代"依赖"；用"坚强"代替"懦弱"；把"贪玩"换成"玩的时间到了"。总之，要以更柔和、更积极的话语去引导孩子。

（3）积极鼓励孩子。

你可以对孩子说："坚持住，宝贝，你可以。""宝贝，你要是多注意点就好了。""你已经记得很好了，你一定会记得更牢，加油！"除了这些积极的鼓励的话，当你的孩子做了值得表扬的事时，你对他说："太好了！你做到啦！"这样，孩子就会变得越来越自信。

6. 滥用"别人家的孩子"，往往适得其反

在现实生活中，许多父母喜欢把自己的孩子和其他孩子进行比较。他们总是喜欢赞赏别人的孩子，而轻视自己的孩子，甚至总拿自己孩子的缺点和其他孩子的优点进行比较，觉得自己的孩子不够好。

家长可能意识不到，这样的比较，会打击孩子的自信心，不利于孩子认识到自己的优势和长处，也容易使孩子对父母称赞的那个孩子产生仇恨的心态，这是一件很严重的事情。

10岁的王蒙放学回家后，一进屋就打开电脑玩。他的妈妈看到后有点生气，忍不住抱怨："你就知道玩电脑，你作业做了吗？你看隔壁李阿姨的女儿多听话，她一回家，就会做作业，写完作业还会帮她爸妈做一些家务。再看看你，真是差太多了。一天天不知道学习，你成绩要是能有人家一半好，我就谢天谢地了。"

这种情况连续出现了很多次，有一次王蒙终于爆发了，他愤怒地对妈妈喊道："是的，是的，别人什么都好，我

什么都做不好，那你当初为什么要生我呢？"说完，王蒙回到自己的房间，"砰"的一声关上了门。

王蒙不明白，为什么他的父母总是拿自己和别人做比较，还把自己贬低得一无是处，为此，王蒙很是伤心。

现实生活中这样的例子实在太多了。父母拿别人的孩子与自家孩子做比较，只是希望自己的孩子能以别人为榜样，学习别人的优点，超越别人，为父母争光。这个出发点是好的，但他们可能没有意识到，很多时候，自己在用善良的心做不利于孩子心理健康成长的事。

经常被父母拿来和别人比较的孩子往往会有很多负面情绪，他们不快乐，没有安全感，并且易怒和易嫉妒。这些孩子会觉得他们没有得到父母的关注，因为父母似乎更喜欢其他孩子，所以他们会故意做出一些"极端行为"来吸引父母的注意。

每个孩子都有自己的个性，父母应该让孩子在自己的轨道上行走，而不是跟在其他孩子的后面亦步亦趋。只要你的孩子今天比昨天好，你就应该表扬他、肯定他、鼓励他。

心理教育专家认为：父母要注意，用来刺激孩子的东西是事实的而不是虚构的，并且要做到适可而止，不要天天使用。

使用"别人家的孩子"要因材施教，对于那些有上进心、学习自觉的孩子来说，"别人家的孩子"相当于给他设定了一个目标或者参照物；而对于那些调皮捣蛋、有些叛逆的孩子来说，滥用"别人家的孩子"只会适得其反。

那么，父母应该如何比较，才能使孩子不受伤害，保护他们的自尊，促进他们进步呢？

（1）比较孩子的过去和现在。

孩子本身是一个成长中的个体，经过一段时间的学习和训练，孩子本身增加了大量的学习经验。因此，对比现在和过去的孩子等于告诉孩子他在不断改善，不断成长。想要的目标，只要自己努力就一定会实现。

（2）选择正确的比较物，积极地比较。

在社会心理学家看来，我们日常生活中的比较对一个人的心理发展有两个重要的作用：一是了解自己。也就是说，人们在与他人交流和比较的过程中对自己更加了解。二是设定目标。即每个人都需要在与他人比较的过程中找到自己的目标和方向。

对孩子来说也是如此，参照物的选择在认识自己或确立目标方面起着非常重要的作用。

（3）利用孩子的优点比较别人的缺点。

有些家长总是把自己孩子的缺点和其他孩子的优点进行比较，让孩子看不到自己的优点，从而失去了自我奋斗的目标。这种比较对孩子有很不好的影响。建议家长经常把孩子的优势与其他孩子的缺点做比较，或者当孩子在学习过程中遇到困难时，使用类似的方法鼓励孩子，这有助于孩子自信心的培养。

第七章

把握时机，不在错误的时间批评

1. 别做事后诸葛亮，批评孩子要及时

你有没有注意到，当你指出一个孩子在过去几天里犯的错误时，他往往会为自己辩解，不愿意承认，同时也会觉得父母总是拿过去的事情说事，对父母感到失望。你也会觉得孩子不诚实且爱狡辩。这样一来，你和孩子彼此都不快乐。

其实，不是孩子不诚实，也不是你爱翻旧账，而是当孩子犯错时，如果你没有及时批评他，孩子就不会把错误放在心上。

所以，一旦发现孩子犯错，不要拖延，应该马上指出并且纠正孩子的错误。

批评孩子的意义是什么？是为了约束和防止孩子的坏思想和坏行为。及时地批评很容易达到这个目的，但是如果批评被延迟，效果就会大打折扣，甚至适得其反。

奇奇每天 5 点放学，有几次却在外面玩到 7 点多才回家。妈妈觉得奇奇在外面玩得太晚了，想找机会和奇奇谈谈。但她最近实在太忙了，下班后忙着准备晚饭，晚饭后

忙着洗碗打扫卫生，然后还要加班工作。所以，她就把要找奇奇谈话的事情给忘记了。

一个月后，奇奇的期中考试成绩出来了，他从原来班里的第三名降到了二十名。在家长会上，班主任点名批评了奇奇，说他上课打瞌睡，不认真听课，放学后和同学去网吧玩网游，作业经常完不成。这时，奇奇妈妈才知道她的儿子回家晚是因为什么。

那天晚上，妈妈把奇奇狠狠地骂了一顿。刚开始，奇奇还狡辩，说自己放学后没有去网吧，而是去同学家做作业了。等到妈妈把班主任的话告诉他，他才不情愿地承认自己确实沉迷于网络游戏。接下来的几天里，妈妈给奇奇上了几次课，但教育效果并不好。幸运的是，没过多久，奇奇对轮滑产生了浓厚的兴趣，终于不那么迷恋网络游戏，也不总去网吧了。

发现孩子的错误和反常行为，没有及时进行批评教育，而是在后来孩子犯了另一个错误时，将原来的错误拿出来说，这种教育方法是不对的。

也许，一些家长认为这种"集中"的方法节省了时间和精力，但这样的教育方式并不严谨，很容易对孩子的成长产生不良影响。

因此，家长批评教育孩子应该趁热打铁，刻不容缓。事后批评不仅收效甚微，还有可能引发新的问题。

具体会引发哪些问题呢？

首先，孩子犯了错误没有及时被制止，孩子就很可能继续犯同样的错误。如果孩子多次犯同样的错误，就很容易养成坏习惯。坏习惯一旦形成就很难改变，这显然不利于孩子的成长。

其次，孩子犯了一个错误，父母当时没有批评他，这是可以的。也许孩子犯了错误后，通过反省和吸取教训，已经改正了错误。千万不要在事后突然想起孩子的这个错误，并突然指出，对孩子进行批评教育，这很容易让孩子产生逆反心理。孩子会想：我已经知道错了，你还批评我，真烦！这也会导致父母在孩子心中的权威越来越弱，当他们在将来再批评教育孩子时，孩子们可能就没有那么重视了。

还有，孩子的时间观念比较差，昨天的错误，可能过一夜就忘了。所以，如果你第二天再批评他，他就会困惑，因为他对自己做的事情没什么印象了。这个时候，对孩子进行批评教育有什么意义呢？

可见，批评孩子的及时性是一个不能忽视的教育细节。作为家长，应该认真对待这个问题。不要因为你没有时间、精力或其他借口而忽略孩子的错误，甚至纵容孩子犯错误。

2. 发现孩子有撒谎苗头时，要当机立断

孩子在成长过程中，难免会撒谎，有欺骗他人的举动。父母应该特别重视这些事情，撒谎是一个非常严重的错误，如果不重视，孩子可能意识不到撒谎的危害，进而继续撒谎，甚至养成欺骗的不良习惯。一定要在发现孩子撒谎时及时对孩子采取批评教育，这样才有助于孩子的品行发展。

一个周日，小安没有做老师布置的作业，而是出去玩了。回来后，爸爸问她去了哪里，她撒谎说是去给一个小朋友补课了。

爸爸顺便问了一句："哪个小朋友？"

从不说谎的小安不知如何是好，脸开始红了。

爸爸知道女儿在撒谎，感到有些生气。但他知道，责骂她并不能解决问题，他应该冷静地对待孩子的错误。

"小安，别骗爸爸，你下午到底去哪儿了？你的作业完成了吗？"

"我去给甜甜补习英语了。"

"可是我刚才遇到甜甜的妈妈了，她说甜甜爸爸下午带甜甜回奶奶家了。"

小安的脸更红了，站在那一言不发。

"我每天都给你讲故事，教你做人要诚实，不要说谎，你忘记了吗？"

小安的眼圈红了，眼里含着眼泪。

"爸爸今天不会骂你，但你要记住，你做错了，撒谎是不对的。"

"我溜出去玩儿了。我不应该说谎，我知道错了，爸爸你原谅我吧！"小安哭着说。

看到小安的态度，爸爸的脸色变得柔和起来。他温柔地对小安说："知道错了就好，记住，以后不要再撒谎了。"

在生活中，一些父母不把孩子的撒谎行为当回事，觉得孩子只是说了小谎，无关紧要。这么一来，孩子就不知道撒谎的后果有多严重，他们以后就会随随便便地撒谎。

研究发现，撒谎的孩子很多是因为怕说真话而受到惩罚，他们是为了逃避惩罚，才选择撒谎的。如果父母不理解孩子撒谎的原因，就很难理解孩子的心理，也很难完全纠正孩子的不良行为。

当发现孩子撒谎时，父母首先应该冷静下来，不要表现得太暴力，以免吓着孩子。一些家长在孩子承认说谎是不对的，说了真话后，也会采取打骂等惩罚措施，甚至让孩子写一份保证书贴在墙上，这可能会严重伤害孩子的自尊。

如何正确批评一个说谎的孩子呢？

（1）要善于发现孩子的谎言。

孩子第一次说谎的时候，总是很紧张的，所以一般会有一些不同寻常的表现。而一旦逃过了第一次，在侥幸心理和第一次成功经验的鼓动下，他以后就会说更多的谎言。因此，父母应该及早发现孩子的撒谎行为，及时教育。事实上，只要父母注意到孩子的举动有所异常，并和他们交谈，就不难发现孩子们在撒谎。

（2）分析孩子说谎动机，"对症下药"。

孩子说谎的根本原因是自私和胆怯，但是每个谎言的具体动机是不同的，所以，父母应该采取不同的措施。

例如，一个孩子因为贪吃和贪玩而说谎，父母就应该鼓励孩子说出自己的实际需求。再比如，应该对因为"义气"而撒谎的孩子指出，错误的保护对朋友不是帮助而是伤害。这样，正确的引导，可以帮助孩子们逐渐改正不好的撒谎行为。

（3）对孩子撒谎既要批判又要宽容。

当父母发现孩子在撒谎时，帮助孩子了解撒谎行为的危害是很重要的。父母应该告诉孩子，撒谎只会获得暂时的快乐，是自欺欺人的表现，一旦被发现就会同时失去父母、老师和同学的信任。要让孩子明白，撒谎可能会让他暂时逃脱惩罚，但迟早会被人发现。而当孩子承认撒谎是错误的，并表示将来会改正错误之后，父母应该表达他们的赞赏和信心，这样，孩子就会受到鼓励，并慢慢改正说谎的毛病，逐渐养成诚实的性格。

（4）培养孩子的诚信。

说谎就是不诚实的表现。纠正孩子爱撒谎的不良习惯的关键是，培养孩子的诚实。要让他明白，诚实地对待别人，才能赢得别人的信任，才能获得真正的朋友。

在每个孩子的成长过程中，都会出现一个特殊的"反抗期"。这一时期的孩子往往表现出父母无法理解的行为，甚至是无法容忍的叛逆行为。父母应该知道这标志着青春期的开始，不必惊慌或担心，而要理性地对待孩子的行为。从关爱孩子健康成长的态度出发，与孩子进行平等的沟通和精神对话，而不是用极端的语言刺痛他们，用不恰当的方法压制他们。一旦孩子明白过来，感受到父母的爱，"反抗期"就会顺利度过。

3. 明知故犯，决不姑息

当孩子故意犯错时，父母需要记住一个规则：永远不要容忍它！

只有认真对待孩子的任性行为，孩子才会知道任性行为的后果有多严重，才不会把不良行为当成一场游戏，随心所欲地做任何事。

晚上，陈铭正在书房看报纸，突然听到妻子说："儿子在沙发上乱涂乱画。"

陈铭走到儿子面前，儿子嬉皮笑脸地说："爸爸，你看，彩色的沙发！"

陈铭从浴室里拿出抹布，递给儿子，示意他把沙发上的画擦掉，并且很严肃地对儿子说："爸爸很生气，爸爸讨厌你这样做！沙发这么干净，你在上面乱涂乱画，弄脏了它，一点也不美观，你这样做是不招人喜欢的。你要是不承认错误，并且把沙发擦干净，我就不理你了。"

说完，陈铭就回书房了。

儿子过了一会儿跑去书房和爸爸说："爸爸，我已经把画擦掉了，我知道错了。"

"你错在哪了？"陈铭问。

"在沙发上乱涂乱画是不对的。"儿子低着头说。

"知道不对，为什么要那样做呢？"

"爸爸，我知道错了，以后不会那样做了。"

陈铭看到儿子是真的意识到错了，说："好，我原谅你了，下次不可以再明知故犯了。"

孩子明知故犯时，父母需要重视起来，这时，批评教育孩子是必须的。不过，不能一味斥责、打骂孩子，而应针对具体原因，找到切合实际的批评教育方法。

孩子知错还犯错，一般有以下几个原因：

(1) 自控能力差。

孩子心里知道对与错，但他们无法控制自己的行为和欲望。因此，他们的思想和行为主要取决于他们的心理特征。例如，孩子喜欢哭，虽然父母经常强调哭是不好的，但他仍然企图用哭来解决问题；他知道抢别人的玩具不对，但他想玩就会去抢。孩子往往会为了满足自己的愿望，而忘记他们必须遵守的规则。

(2) 判断力差。

如果孩子很小，他可能不知道什么是对、什么是错。此外，他们有强烈的好奇心，所以喜欢模仿和尝试，也就难免会犯错误。父母应该耐心地向孩子解释什么可以做，什么不应该做，让孩子逐渐明白是非对错。

（3）当孩子犯错的时候，父母没有严肃地批评他。

当孩子犯错时，如果父母不舍得惩罚他，甚至在别人指责的时候站出来维护他，就会纵容孩子以后继续犯错。因为父母的护短让孩子觉得，犯错不用承担任何后果。

教育需要一个过程，这个过程需要耐心。父母应该通过逐步的督促和教育，帮助孩子健康成长。

4. 对为孩子代劳坚决说"不"

如果把孩子比作一张白纸，那么，画笔应当握在他们自己手里。家长能做的，就是带他们看风景、长见识。

为了让孩子有一个美好的未来，家长应该懂得在适当的时间放手，让孩子做自己的主人，自己书写自己的人生。

康康特别不喜欢学习，他把做作业当成一件苦差事。当他遇到不会做的题目时，就放在那里，直到父母检查家庭作业时一点一点地教他。他从不自己主动动脑去想解题方法。

有一次，康康的妈妈工作加班回来得很晚。回来时，康康已经躺在床上了。妈妈看到客厅的茶几上放着康康的练习本，练习本旁边是康康留下的小纸条，上面写着："妈妈，这几道题我不会做，请帮我做了。"这让妈妈感到很生气。

第二天，妈妈因为这件事批评了康康。妈妈说："老师给你布置作业的目的是锻炼你独立解决问题和独立思考的能力。而且，老师布置的作业和你当天在课堂上学到的知识是密切相关的。只要你认真思考，你就能独立完成它。你为什么不能动动脑筋呢？作业又不是给我留的，我为什么要帮你做？就算我现在可以为你做，但我能永远为你做吗？"

被母亲批评后，康康终于意识到了自己的错误。从那以后，康康都自己独立完成作业，在学习上变得越来越勤奋了。

在日常生活中，有些事应该让孩子独立完成，如做作业、整理书包、整理房间、设置闹钟等。如果发现孩子没有做他们应该做的事情，家长应该提醒他们，而不是直接代劳，或者干脆保持沉默，让他们自己承担后果，这也是培养他们责任感的一种方式。

在教育孩子时，家长必须注意引导孩子：

（1）对自己的行为负责。

活泼调皮的孩子有时会表现得很出格，聪明的父母会通过让孩子对自己的行为负责来教导孩子，让现实生活告诉孩子，他做错了什么。让孩子对自己的行为负责不仅能帮助孩子认识到自己的错误，也能培养孩子的责任感，对提高孩子对挫折的适应能力很有帮助。

（2）对自己的安全负责。

孩子的安全是父母最关心的问题，一些父母为了确保孩子的安全，恨不得24小时不让孩子离开自己的视线。但是父母应该清楚：你不能一辈子保护孩子。你需要做的是强化孩子自身的安全意识，让他们对自己的安全负责。

（3）对自己说的话负责。

许多孩子养成了不遵守诺言的坏习惯，他们不知道如何对自己的话负责。在这方面，家长需要以身作则，对孩子做出的承诺要及时兑现，这样才有立场教育孩子说话算话。

每一个家长都应该明白，我们不是孩子的左膀右臂，更不是孩子的全职保姆，我们是孩子的向导，是孩子成长的导师，应该做的是帮助孩子把握人生的方向，引导孩子养成良好的习惯，做出正确的选择。

5. 批评孩子要"偷偷"进行

家长教育孩子应该遵守一个原则：公开表扬，私下批评。

五岁的然然有个好朋友叫阿忆，两人总是在一起玩耍。

一天，然然和他的父亲去阿忆的家里玩，两个爸爸谈到了一些教育孩子的问题。

正当然然的父亲夸然然听话懂事时，阿忆的小狗跑了过来，在然然的爸爸身上蹭来蹭去。

阿忆的爸爸对玩积木的阿忆说："孩子，过来把小狗牵走！"

阿忆此时正全神贯注地玩玩具，自然没工夫搭理小狗，她头也没回地说道："爸爸，我们这里正玩着呢，没有时间牵狗，你自己弄吧。"

听到这话，阿忆的父亲生气地说："你这孩子怎么这么不听话。我在和叔叔说话，叫你把狗牵走你不听，你看人家然然，比你懂事多了。"被批评的阿忆只好噘着嘴把小狗牵走了。

但接下来的一个星期，阿忆没再找然然玩过。然然叫她一起去幼儿园，她也不答应。当父亲提到然然时，阿忆就捂住耳朵对父亲说："我不听，我不听，我就是不懂事！"

阿忆的父亲感到很困惑，就向然然的父亲寻求建议。然然的父亲听了阿忆父亲的讲述后，突然意识到："哦，我明白了，一定是那天你在我和然然面前说你女儿不懂事，伤了阿忆的自尊心，现在她的举动实际上是一种反抗。"

听了然然父亲的话，阿忆父亲感到非常自责和内疚。

那天晚上，他坐在阿忆的床边，温柔地对她说："阿忆，你在生爸爸的气，是吗？爸爸知道是自己批评你批评过头了。事实上，在爸爸妈妈心中，你是一个很懂事的孩子。"

阿忆看着父亲说："爸爸，你真的这么认为吗？"

"当然，不只是我，然然的父亲也称赞你懂事呢！他说你活泼、勇敢、热爱学习！"说这话时，阿忆笑了。

第二天，阿忆主动去找然然玩，两个人又变成了好朋友。

英国教育家洛克曾经说过："父母不宣扬子女的过错，则子女对自己的名誉就越看重，他们觉得自己是有名誉的人，因而更会小心地去维持别人对自己的好评；若是你当众宣布他们的过失，使其无地自容，他们便会失望，而制裁他们的工具也就没有了，他们越觉得自己的名誉已经受了打击，则他们设法维持别人的好评的心思也就越加淡薄。"

可见，当众批评儿童会严重影响儿童自我意识的形成，也会影响儿童对自身名誉和形象的关注。不要以为在外人或亲戚面前批评孩子会让他记住并改正错误，事实上，这只会损害孩子的自尊，让他在别人面前不敢昂首挺胸。

因此，当你发现孩子的缺点，看到孩子犯错时，应该选择合适的场合批评教育孩子。如果有外人在场，就不要批评孩子，即使他犯了错误，也不要批评得太过火。你可以给孩子一个提示，然后回家和孩子好好谈谈。这样一来，孩子就会感觉到父母对自己的关心和爱护，进而更容易接受批评，改正错误。

6. 饭桌不是批评的场所

全家人聚在一起吃饭的时候，往往是孩子最想表达自己的时候。这是一个很好的机会，可以让孩子们说想说的话，也可以让父母了解孩子的想法，与孩子变得更亲近。所以，找到一个让孩子感兴趣的话题，让他们参与其中、发表观点是很重要的。不过，家长也应该小心，不要谈论让孩子紧张的话题，更要避免"家长式"的说教。

林先生平时工作很忙，经常加班，所以几乎没有什么时间陪10岁的儿子洛洛。为了更多地和儿子交流，林先生习惯在餐桌上和儿子聊天，但不知不觉间，双方的聊天就会变成林先生单方面的教子。

有一次，洛洛拿回了成绩单，数学只有70分。林先生感到很失望，便在吃晚餐时批评了洛洛："我像你这么小的时候，几乎都是满分。"起初，洛洛一句话也没说，林先生却越说越来劲，最后，洛洛干脆扔下碗跑回了房间，锁上了房门。第二天，洛洛生气地和妈妈说："我最不喜欢跟爸爸一起吃饭了，每次吃饭爸爸都喜欢批评我。"

吃饭的时间是用来进食的，但许多父母却用这些时间来教育孩子，因为他们平时都忙于工作和家务，似乎只有吃饭的时候才有时间关注孩子的情况。然而，父母关注的，无非是孩子的"成绩"和"不良言行"，谈到这些就不可避免地会对孩子进行批评和说教。结果，饭桌变成了一个审判所，食物也变得没有什么味道了。

教育孩子，让孩子养成良好的习惯，这无可厚非。但是，对孩子进行批评教育应该选对时间和场合，无论孩子犯了什么错，都不应该在孩子吃饭的时候去批评他，也不应该在饭桌上对孩子进行说教。经常这样会让孩子产生抗拒心理，从而影响吃饭的心情，影响营养摄入，最终不利于孩子健康成长。

英国教育家斯宾塞说："一家人吃饭时是争论还是谈话，是称赞还是训斥，是一个很好的测量计，它可以看出这个家庭是在疏远分离还是在越来越亲近。"

当然，在餐桌上教育孩子也不是完全不可行，家长可以用正确、积极的言语来引导孩子，给予孩子欣赏、肯定和赞扬，这样能让孩子开心地享受美食。如果家长在餐桌上能做到用表扬取代批评，相信孩子会更喜欢这种"餐桌说教"。

7. 每天最好只批评一次

有时候，孩子的错误就像肉中刺，如果不把它挑出来，家长会觉得很难受，而且他们每天还得挑好几次才会觉得舒服。但孩子的耐心也是有限度的，多说会使他们产生逆反心理，以至于完全忘记去反思错误。

一天早上吃早餐时，喵喵不小心打翻了牛奶，弄湿了裤子。妈妈晓燕见了心情很不好，烦躁地叫喵喵赶紧换裤子。但当喵喵打开衣柜找裤子时，她把所有的衣服都翻了出来，弄得乱七八糟。晓燕看到凌乱的衣服，更生气了，于是狠狠地骂了喵喵一顿。

喵喵匆匆换了裤子就去上学了，晓燕在家里整理衣柜，把掉在地上的衣服又洗了一遍。她越洗越生气，因为她本来可以用洗衣服的时间去做其他的事情。

中午，喵喵放学回家吃饭。因为早上的事情，晓燕一直不开心。喵喵在吃饭的时候不小心掉了几粒米饭在桌上，这在平时不算什么的小事，此时却成了点燃炸药包的导火线，激起了晓燕的怒气。晓燕一直责怪喵喵吃饭不老实，浪费米饭。喵喵被说后很不高兴，她赶紧吃了几口就准备放下筷子。见此，晓燕马上问："你吃饱了吗？急什么？"喵喵低声说："我饱了，我要去上学。"然后就走出了家门。

下午放学回家后，喵喵在客厅做作业，晓燕在厨房里做饭，一回头突然看到喵喵正在笑，于是说她："做作业的时候要严肃认真，嘻嘻哈哈成什么样子？"喵喵的笑容马上消失了。

到了吃晚饭的时候，喵喵躲在自己的房间不愿意出来，说她不饿，不想吃饭。

孩子犯错误，批评教育是需要的，只是家长应该把握批评的尺度。一天最多说孩子一两次，不要遇事就说孩子几句，要懂得合理地引导孩子改正错误。

与一些国家更为开放的育儿态度不同，中国父母大多对孩子采取严格的教育方式。这种方法的优点是可以培养孩子养成良好的习惯。但是，过度的批评和训斥会影响孩子的自信，使孩子变得胆小怕事。

其实，父母可以用更多的宽容、更少的斥责来提醒孩子。批评时也要注意态度、语气、情况、时机和频率。这样，孩子就会乐于接受家长的教育批评，从而健康快乐地成长。

第八章

心平气和，让批评更客观

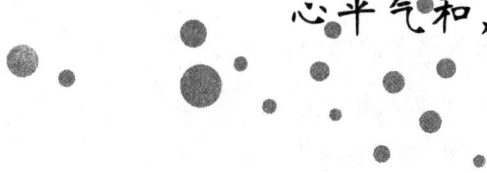

1. 切忌冷嘲热讽，伤害孩子的自尊

孩子随着年龄的增长，会越来越希望得到他人的尊重。但与此同时，孩子们在成长的过程中也经常会犯错误，很多父母会毫不犹豫地去讽刺和挖苦孩子。然而，事实证明，父母的讽刺和挖苦一旦超出了孩子所能接受的范围，会伤害到孩子的自尊。家长对孩子采取这样的教育方式，可能会无意中强化孩子的不良行为，让孩子变得不诚实和任性，也可能使孩子对父母产生怨恨心里，这些都会严重影响家长和孩子之间的亲子关系，甚至导致不可逆转的情况。

马特教授的儿子杰西从小就表现出了非凡的天赋。杰西不仅才华横溢，而且性格很好，他总能找到让自己快乐的事，并愿意与他人分享自己的快乐，仿佛没有任何困难或挫折会对他产生影响。

然而，正因如此，他的父亲对他非常不满。

杰西的父亲马特教授是一个性格内向的人，他不善言语，也不喜欢和别人交流。他经常对杰西说："一个人应该谦虚，不要总是这么自以为是。"

一天，杰西大声欢呼，马特教授对他大喊："杰西，你在干什么？"

"爸爸，我这么快就看完了一本书。这本书很不好读，比我之前读过的书都难。"杰西很高兴，觉得父亲会为他感到骄傲，他渴望得到父亲的认可和鼓励。

"读书本来就不是什么大事，你需要这么兴奋吗？"马特教授冷冷地说道，声音里带着一丝不快。

"但是爸爸，这本书很有价值。我没想到这么难的书，我可以读得这么快。你说，我若加倍努力，将来还能更厉害吗？"杰西兴奋地问他的父亲。他希望父亲能给他一个肯定的答复，也希望父亲能给他一些鼓励。

然而，马特教授没有这样做。

也许是因为杰西的性格与他不同，也许是因为杰西的行为确实困扰了他，马特教授勃然大怒道："你在嚷什么？你认为你是唯一会读书的人吗？你在等我的表扬吗？我告诉你，我不会称赞你，因为这本身就没有什么值得称赞的。"

"爸爸，我做错什么了吗？"杰西委屈地问。

"当然，你没有做错任何事，但我不喜欢你的傲慢。"马特教授继续斥责他的儿子，"不要认为你是一个伟大的天才。我告诉你，你很平凡。我不想再听到你说那些傲慢的话了，你简直就是自以为是！"

马特教授一说完，就关上了门。

杰西在门外伤心地哭了起来，他不明白父亲为什么这样

151

对待他，他想和他的父亲分享他的成果，也想问父亲一些他不明白的问题。但现在他发现，父亲竟然这么讨厌自己。

这一刻，杰西的乐观和自信全部消失了，一种可怕的感觉涌上他的心头，他觉得自己是个没用的孩子。

从那以后，杰西的脸上再也没有了笑容，他也不会再兴奋地去读一本书，完全变成了另外一个人。

最后，这个天才孩子一事无成。

若要避免孩子养成自以为是、傲慢的性格，你可以用温婉的方式去引导和教育孩子，但永远不要说你的孩子无用，更不要挖苦和讽刺他。

讽刺就像一堵墙，阻隔了父母和孩子之间的正常交流，在父母和孩子之间制造了隔阂，甚至导致孩子与父母对抗。孩子可能会接受父母的批评，但他们永远不会接受父母的讽刺。因此，父母在批评孩子时应该注意自己的语气和态度，要经过仔细考虑，正确地批评教育孩子。

2. 杜绝情绪化的批评

当孩子犯了错误，特别是犯了以前犯过的、严重的错误，父母可能会一时冲动对孩子说一些不好听的话。这是非常不可取的，这样做不仅不能从根本上解决问题，还会对孩子产生非常不好的影响，有时甚至会因为冲动而对孩子造成无法弥补的伤害。因此，无论孩子犯了什么错误，父母都必须克制自己冲动的情绪，在批评孩子之前保持冷静。

有的父母在伤害孩子后会感到内疚，然后在以后的生活中，选择放纵孩子来弥补自己曾经造成的伤害。经常这样做会扭曲孩子的人生观，大大降低孩子判断是非的能力，甚至影响孩子未来的发展，父母必须停止带着情绪批评孩子。

那天，小韩下班回家遇到了大雨，心情很糟，回到家就冲着女儿发了一顿脾气。女儿被无缘无故地训斥了一顿，很不开心地回了房间。

晚上吃饭的时候，小韩的心情有所好转。女儿鼓起勇气问她："妈妈，你在生我的气吗？"

小韩没想到女儿会这么问，惊讶地说："没有，你没惹妈妈生气。"

女儿说："那你为什么下班回家后经常闷闷不乐呢？"

女儿的话引起了小韩的深思。她很容易情绪化，有时会把女儿当作出气筒，对女儿恶语相向。小韩突然意识到了自己的错误，决心改掉这个坏习惯。

第二天下午，小韩像往常一样下班回家。这时，女儿在沙发上蹦蹦跳跳。小韩看到沙发垫子掉了一地，刚要责骂女儿，但随后想起了自己昨晚的决定，就平静了下来。她走到女儿跟前，拥抱了她一下。女儿感觉很开心，小韩的心情也好了很多。

有了第一次的成功经历后，小韩每天回家前都会整理自己的心情，不把坏情绪带回家。她发现，这样做极大地减少了她和女儿之间的冲突。即便后来真的因为女儿做错事而生气，小韩也会赶紧跑出去冷静下来，平息自己的愤怒，避免在坏心情的影响下批评女儿。

当然，小韩也有无法控制自己情绪的时候。如果她的情绪失控，伤害了女儿，她会在平静下来后及时向女儿道歉，并真诚地告诉她："孩子，这不是你的错。"并向女儿保证她以后会努力控制自己的脾气。这么一来，女儿也就明白，妈妈批评她并不意味着不爱她。

经常会有一些家长说："孩子还小，不懂事，不会记在心上的。"他们认为孩子对自己的批评不会怀恨在心，所以把孩子当成"出气筒"也没什么大不了。这种想法大错特错。孩子虽然小，但也有独立的个性和自尊，他们能真实地感知到父母的情绪。

此外，即使孩子拥有天真的心灵不会记恨父母，也会认为父母不喜欢自己，导致孩子变得自卑，将来可能会有心理疾病。相信这是任何父母都不想看到的结果。

3. 批评要温和，切忌简单粗暴

如果父母总是居高临下地看待孩子，孩子就会对父母产生恐惧，不敢与父母沟通，甚至变得叛逆。这不仅无法达到教育孩子的目的，还会中断父母与孩子之间的交流。因此，为了实现真正良好的亲子沟通，父母采取合适的态度与孩子沟通非常重要。

天泽是一个非常顽皮的男孩。他上小学时总是不做作业，放学回家后放下书包，就跑出去找小伙伴玩。因此，他的父母总是骂他，有时甚至会打他，但还是没能让天泽改掉贪玩这个坏习惯。有时，即便被逼着坐下来做作业，天泽也很长时间都做不完，就算是完成了，也做得很粗心。

有一天，天泽的姑姑来到他的家，此时，他的妈妈正因为他不做作业而训斥他。天泽很固执，不管他妈妈说什么，他都不说话，也不做作业。看到这些，姑姑对天泽的妈妈说："我来和孩子谈谈吧！"天泽的姑姑是一位老师，她把天泽带到他的房间，摸了摸他的头说："你在外面玩得开心吗？"

"不是特别开心。"天泽说。

"你妈妈让你做作业，你为什么不做呢？"

"我妈妈对我很严厉，她总是责备我，有时还打我。她越这样，我越不想做。"

"你认为完成作业后再出去玩和玩完再做作业哪个好？"姑姑问。

天泽没说话，他的姑姑接着说："你认为做完作业再出去玩是没有压力的，对吧？"天泽点了点头。

"姑姑知道，你是一个懂事的孩子，聪明，也爱学习，就算妈妈不催你，你也能自觉完成作业，不是吗？"

天泽听了什么也没说，只是径直走到书桌前，打开书包，开始做作业。

姑姑和天泽的妈妈分析了天泽会这样的原因后，天泽的妈妈才意识到，是她过去做错了事。她对孩子态度太粗暴了，孩子才越来越不愿意听她的话。

从那以后，天泽的妈妈改变了自己的态度，会温和地和天泽沟通，而不是一味严厉地责备他。天泽也变得更听话了，在学习上也取得了很大进步。

当孩子不听话时，父母不妨把"打骂"这种粗暴的管教放在一边，试着用温和的态度去教育孩子，引导孩子改正错误。

温柔的教育一方面要求父母注意自己的语气和态度，另一方面也要求父母给出的批评有效又有针对性。父母对孩子的教育应该是有针对性并且具有可行性的，只有这样，才能得到好的教育效果。否则，太多无效的建议，即使是用温和的语气说出来，也可能引起孩子们的反感。

著名的教育专家陈鹤琴认为，孩子幼小的心灵很容易受到伤害，任何粗暴的教育方式都不合适，只有用温和的态度给出建议，才能走进孩子的内心。

而之所以要以温和的态度对待犯错的孩子，有这么几个原因：

（1）温和的建议可以缓解孩子犯错后的紧张情绪。

大多数孩子在犯错后会害怕被批评，这是孩子潜在的心理负担。孩子们会因此变得紧张和焦虑，不知道父母会拿他们怎么办。与此同时，孩子的保护本能驱使他做出"心理防御"，使他害怕或不愿告诉父母自己的内心想法。

如果父母责骂孩子，孩子这种心理负担就会转为心理压力，不利于孩子健康成长。这时，如果父母用一种友善的态度，温柔地劝告孩子，就很容易让孩子得到心理上的放松，孩子紧张的神经会逐渐放松，情绪也会变得逐渐稳定，更容易接受父母的教育。

（2）温和的建议有助于削弱甚至消除孩子们的叛逆心理。

有些孩子经常受到父母的严厉斥责，可以说，他们的成长伴随着不断的责骂。在这些孩子的眼里，父母并不可亲，甚至惹人厌。由于强烈的敌意，他们不会认真对待父母的批评，有时甚至会故意恶作剧，与父母反着来。严厉的斥责容易加剧孩子的叛逆心理，不利于家长对孩子的教育。

如果父母给孩子温和的建议，冷静地和孩子沟通，孩子就会有被理解的感受，也会更愿意接受父母的教导。

（3）温和的建议可以让父母和孩子之间更亲密。

如果父母总是严肃地对待孩子，并且严厉地训斥孩子，往往会阻碍亲子交流。

综上所述，用温和的建议与孩子交流，更容易进入孩子的内心，方便父母教育孩子，也有助于促进父母与孩子之间的思想情感交流，让孩子尊重和信任父母，并且真诚地接受父母的指导。

4. 别总以为父母就是权威

有些家长认为，孩子就应该听父母的，他们认为自己是成年人，经历得多，不管做什么决定都是为孩子好。所以，他们觉得不管自己说什么，孩子都应该耐心听，如果孩子反驳，就是不听话，是对长辈不敬。

其实，这是"权威主义"在作怪。父母总是认为自己批评教育孩子是合理的，是具有权威的，是不容置疑的。但没有意识到，强迫孩子，使其听从自己，一方面会限制孩子的思维拓展，打击孩子的参与意识，另一方面也会严重降低父母在孩子心中的威信。

梦洁是班长，各方面都很优秀。她很清楚，作为一名班长，她应该在每一件事情上都起到带头作用，她想给其他同学树立一个好的榜样，老师经常称赞她是名优秀的班级干部。

一天，梦洁的学校号召大家自愿献血。为了鼓励学生踊跃参加活动，老师先找来学生干部，给他们做思想工作，希望他们能先加入献血行列。

梦洁回家后把这件事告诉了妈妈，希望得到妈妈的支持与称赞。但是，梦洁刚说完，妈妈就大声拒绝了："不行！你怎么能随便去献血？你知道那要吃多少营养品才能补回来吗？"

梦洁听后向妈妈解释说："献血是不会影响正常人的健康的。"

妈妈马上反驳道："你怎么知道的？你正在长身体，不能献血！"

梦洁继续向妈妈解释："老师想让班长先去献血，这能给同学们起到带头作用。"

妈妈随即辩驳："你和老师说你贫血，不能献血。别跟我争论了，照我说的做！"

说了半天也没说服妈妈同意，梦洁最终只能不情愿地回到自己的房间生闷气。

梦洁认为妈妈的话没有说服力，从那以后，对于妈妈的话，她都选择性地接受。

在生活中，很多父母，就像故事中梦洁的妈妈一样，面对孩子的问题，无法给出一个合理而充分的理由，为了让孩子按照自己说的去做，父母便会使出最后的绝招："你是我的孩子，所以一切都得听我的。"在这样强大的力量下，孩子能做的只有接受建议，然后执行。但长久这样，当孩子听到父母的分析时，可能会首先产生怀疑的心理。

如果父母不放下身份，总是强调自己的看法，而不尊重孩子的想法，不仅得不到孩子的认可，也容易导致孩子对父母感到厌倦。这会损害父母在孩子心目中的形象，更不可能达到父母预期的教育效果。

所以，在生活中，父母应该学会尊重孩子，平等对待孩子，与孩子建立互相信任的关系，成为孩子的知心朋友。

想要与孩子进行平等的沟通和对话，关键是要在相互尊重的前提下，降低自己的姿态，放下做父母的架子，把孩子当成一个独立的个体，进行平等的对话。给孩子能够与你平等交谈的机会，孩子才愿意听你的教导和建议。

5. 批评无效时，不要转为乞求

其实，父母无论是对孩子强硬还是溺爱，最终的目标都是让孩子受到良好的教育。但有一种教育方式不建议采用，就是对孩子时而强硬，时而乞求，时而指责，时而讨好，这很容易误导孩子。作为家长，掌握科学的教育方法是必要的，不管是批评还是表扬，都要适当。

7岁的阿曼突然对小提琴产生了兴趣，为了满足女儿的兴趣爱好，她的父母为她买了一架小提琴，还特意请了一位小提琴老师来教她。阿曼有拉小提琴的天赋，所以经常得到老师的表扬，这让她的父母感到很开心。

在学习了一年的小提琴之后，阿曼去参加在上海举办的小提琴比赛。

"妈妈，我不想表演了。"轮到阿曼的时候，阿曼突然低声对妈妈说。这让阿曼的妈妈感到很惊讶，也很生气，她抱怨道："你练了这么久，难得有这么好的机会，怎么能半途而废呢？"

但是不管她怎么说，阿曼都拒绝参加比赛。

无奈之下，阿曼的妈妈只得改变了态度，恳求道："妈妈求你，你去表演吧！好吗？"

最后，阿曼禁不住妈妈的恳求，终于上场表演了。

回到家后，阿曼的妈妈向丈夫抱怨："阿曼今天突然不想表演了，我求了半天，她才肯上去。"

丈夫听了，马上对她说："你没有问阿曼不想上场的原因吗？"

阿曼妈妈说："估计是没信心吧。"

这时，丈夫不高兴地说："既然你猜到了女儿退缩的原因，为什么不对症下药，多鼓励她呢？最后批评不成又乞求，这样做是不合适的。"

"为什么？"阿曼的妈妈有些不解地问。

"你这是在纵容孩子任性。"丈夫告诉她。

当父母发现用强硬的态度无法让孩子服从时，他们可能不得不采取"软下来"的方法——乞求。这种强硬或服软的行为会让孩子认为，父母批评自己时，只是在吓唬自己。当孩子有了这种意识，他们父母的权威就被削弱了。

那么，父母应该怎么做才是正确的呢？

当孩子犯错时，父母应该批评他们，但要注意批评的语气和态度。切记不要恐吓、威胁、贬低、辱骂孩子，以免伤害孩子的自尊心，激起孩子的反抗情绪。父母应该尊重和理解孩子，冷静地指出孩子的错误。如果能做到这一点，孩子就可能会听父母的批评和教育。如果孩子仍然没有悔改，父母必须坚守立场，惩罚孩子，而不是向孩子投降或乞求孩子服从你。

6. 不要用抱怨的语气批评孩子

没有有问题的孩子，只有有问题父母。孩子犯错后，聪明的父母会选择积极面对，并努力找到解决问题的方法，而不是一味地抱怨。俗话说："失败者找借口，成功者找方法。"真正想要纠正孩子错误的父母永远不会用抱怨的态度来对待孩子，因为抱怨只会暴露他们的无能。

葡萄4岁了，她性格调皮，很爱玩玩具，但总是喜欢到处乱扔，妈妈只好在她玩完之后帮她整理，然后不停地说："葡萄，你这么不听话，妈妈会累坏的，别闹了，妈妈真不知道能拿你怎么办。"

葡萄听到妈妈的抱怨后并没有感到害怕，甚至笑出声来，还故意把玩具扔在一边，让妈妈继续收拾。那个时候，葡萄的妈妈还没有意识到问题出在哪。

慢慢地，葡萄变得越来越任性，越来越调皮。她经常故意把漫画书扔到妈妈面前，然后站在那里看着她。葡萄的妈妈很宠葡萄，从不打她，也没对葡萄说过什么重话。这次，她继续用抱怨的口吻批评葡萄："哎呀，葡萄，我跟你说过多少次了，你怎么这么淘气？如果你再这样做的话，我会生气的。"妈妈一边说一边捡起了漫画书。

葡萄的父亲看到了这一幕后，便在当天晚上睡觉的时候对妻子说："你不应该用抱怨的语气批评女儿。如果你总是抱怨，却不严肃批评葡萄，她就不会从根本上意识到自己的错误。你把葡萄逗乐了，她反倒会犯更多的错误来吸引你的注意力。"

葡萄的妈妈觉得丈夫说的有道理，从那以后，每次她批评葡萄都会非常严肃。经过一段时间的实践，葡萄果真没有之前调皮了。

孩子们很容易误解父母的意图。家长本来想用温和的语气批评孩子，但语气中充满了抱怨，就会让孩子觉得大人只是随便说说，所以不会去认真对待父母说的话。此外，家长们充满了抱怨的语气，很容易让孩子们觉得父母在唠叨，也会感到无聊。因此，父母有必要将抱怨的批评转化为正式的批评，从而吸引孩子的注意力，促使他们改正自己的不良行为。

无论孩子是3岁还是5岁，当他犯错时，你都应该认真对待。所谓"认真对待"不是要你对孩子大喊大叫或者体罚，而是用较为严肃的态度，让孩子意识到自己做得不对。

比如，当你的孩子玩完玩具随意乱扔的时候，你要趁着这个机会，教会他养成整理东西的习惯。你可以对孩子说："玩具是你玩的，如果你玩完后不把它收起来，下次你再想玩的时候它就会躲着你。好孩子在把屋子弄乱后会自己再把屋子收拾干净。"

如果孩子对此有疑问："下次玩具为什么要躲着我？"你可以告诉他："因为你随处乱放它，下次再找的时候你就不知道它在哪里了。"

相信通过这样的解释，孩子会明白其中的道理，也会认真地整理玩具。这样，孩子们就很容易养成保持屋子整洁和玩完把玩具放回原位的习惯。

7. 不做毁灭性的批评

对父母来说，每个孩子在出生时都是天使。在成长的过程中，有些孩子会变得聪明和健康，而有一些孩子则不被别人认可，这在很大程度上是家长的责任。如果父母能给予孩子足够的爱、尊重和关注，孩子就会成为父母希望他们成为的人。相反，如果父母放弃教育孩子，觉得怎么样对孩子都没用，那么孩子也会放弃自己。

陈南喜欢看武打片，他心目中的英雄是成龙和李连杰，他希望长大后能像他们一样被全世界的人熟知。

晚饭后，陈南和他的父母一起看了成龙的电影《警察故事》。陈南在电影里看到了成龙帅气的武打动作，越看越羡慕，连连拍手叫好，甚至在电视机前跳起了舞。

陈南越跳越兴奋，在客厅里"嘿嘿哈哈"地比划，忘了爸爸妈妈还在旁边。这让痴迷于电影的爸爸很不高兴，爸爸不耐烦地说："去别的地方跳去，你挡到我的视线了！"

陈南没有听到爸爸话里的不耐烦，他认真地问爸爸说："爸爸，你认为我比划得好吗？我想努力练习功夫，我将来要和成龙一样出名，进入好莱坞。"

爸爸看着陈南严肃的表情，忍不住笑了起来："什么？进入好莱坞？就你那样，别做梦了！你还是好好学习，能考上大学就不错了！"

爸爸的话极大地打击了陈南对梦想的热情。渐渐地，陈南对功夫的兴趣就没有以前那么大了。

给孩子贴上负面标签的父母不仅会伤害孩子脆弱的心灵，还会严重影响孩子的健康成长。

孩子小的时候非常需要父母的肯定，父母的肯定能让孩子体验到成功的快乐，产生进步的动力。即使孩子有时表现得不好，也应该得到父母的鼓励。因为孩子们有失败的权利，他们从每一次失败中吸取教训，才能为下一次努力做好准备。因此，每当孩子失败或遭受挫折时，父母必须做的一件事就是鼓励孩子，给孩子力量和信心，而不是打击孩子，让他们失去信心，甚至放弃努力。

其实，许多家长本无心打击孩子，只是他们不懂得怎样"说话"，以下是专家们给出的一些建议：

（1）不要轻易否定孩子。

那些轻易否定孩子的父母只想在他们面前建立权威，却忽略了孩子也需要被尊重。引导孩子深度思考，可以让孩子看到父母的睿智，从而培养孩子的思考能力。

（2）不要在你的语言中出现消极情绪。

父母应该以积极和乐观的态度对待孩子，这样孩子才能给父母一个积极的回报；父母把不良的情绪带给孩子，孩子自然就会在父母潜移默化的影响下变得消极。

（3）不要说孩子一文不值。

"一点也不……"这是父母经常对孩子说的话。这句话带有强烈的贬义，不知道伤了多少孩子的心。孩子是有自尊的，在他们的成长道路上，他们需要父母的肯定和赞扬。即使是批评孩子，也要合情合理，让孩子信服。

（4）避免语言上的消极心理。

心理学研究证明，长期不良的心理暗示会导致孩子有认知缺陷，进而引起孩子心理和行为的变化。因为孩子缺乏判断自己处境的能力，潜意识里很容易认同父母的负面言论，这时，父母消极的话说多了，就会严重影响孩子。

　　一个人的未来是很难预测的。因为一个人的发展，除了依靠主观的因素，还取决于外部条件和环境。不管孩子小的时候怎么样，他们未来的人生之路依然很漫长，就算小的时候他们很平凡，只要鼓励他们，让他们对未来抱有希望，他们就能拥有奔向成功的力量。

第九章
有理有据，让批评事半功倍

1. 给你的批评加块糖

人们常说良药苦口、忠言逆耳，如果父母在批评孩子时可以在药里放一些糖，用更加合适的方法对他们说好的建议，相信这样的教育将更有效果。要做到这一点，我们需要在批评中披上赞扬的外衣，在赞扬中隐藏批评，用赞美的语气来提示孩子，从正确的方向引领孩子，让他自觉改正自己的缺点，不断前进。

陶行知先生在担任一所小学的校长时，看见一个男孩用一块小石头打他的同学。他立即制止男孩，并叫他放学后到校长办公室去找他。

放学后，陶行知刚到校长室，发现男孩已经在那里等着了。陶行知先生并没有批评他，而是给了他一块糖，说："这是奖励给你的，因为你很准时，而我迟到了。"

男孩惊讶地接过糖果。

随后，陶行知又拿出第二块糖果递给男孩，说："这颗糖也是给你的，因为当我让你停止打人时，你立即停止了，这表示你对我很尊重，糖果是给你的奖励。"

男孩更困惑了，他紧张地拿过糖。

陶行知第三次掏出糖说："我调查过了，你用石头打那些男孩，是因为他们欺负女同学，你打他们，正好说明你为人正直善良，有勇气和坏人斗争，应该奖励你啊！"

小男孩听了很感动，哭着说："校长，我接受处罚，我知道自己错了，打人不对，他们不是坏人，是我的同学。"

小男孩说完，陶行知又拿出了第四颗糖果递给男孩，并对他说："我很高兴你意识到了自己的错误，我再给你最后一块糖。"当男孩接过糖果时，陶行知对男孩说："我的糖果给完了，我们的谈话结束了。"

犯错后的孩子，大多数都会被教训。所以，孩子每当犯了错误，都会做好被教训的心理准备。如果父母理解孩子的这种心理，用相反的做法，从孩子错误的行为中好的方面给予赞扬和奖励，会让孩子受宠若惊，并为自己的错误行为感到更加羞愧。

赏识比批评更容易让孩子接受。美国心理学家詹姆斯曾经说过："人类本质中最殷切的需要是渴望被赏识。"所谓赏识，其实是一种鼓励，它要求父母善于发现孩子的优点和长处，并且给予肯定和赞扬，通过积极的心理暗示，来提高孩子的自尊和自信，并发掘出孩子对错误正确的认知，从而积极改正。

著名教育家陈鹤琴曾说过："无论什么样的人，受激励而改过，是很容易的；受责骂而改过，是不大容易的。而小孩子尤其喜欢听好话，不喜欢听恶言。"因此，如果你希望你的孩子改正错误和坏习惯，最好不要一味地只是批评，而应该在表扬中加以批评，这不仅能保护孩子的自尊，也能让孩子感受到父母对自己的评价是公平公正的，从而更信服父母。

例如，孩子有一道题做错了，你必须要去找出孩子哪些步骤是正确的，并给予肯定；孩子考试成绩不好，你应该先分析一下孩子的试卷，看看孩子哪些方面做得好，首先指出这些，并给予赞扬，然后再告诉孩子："如果你要是注意某某地方，试着去改善一下，你的成绩会更好。"这样，孩子得到了肯定，在得到父母指导之后，会很高兴地接受父母的批评。

2. 适当沉默，无声胜有声

老子主张："行不言之教。"白居易诗云："此时无声胜有声。"在适当的时候，父母的沉默不语比喋喋不休更有力，聪明的暗示比耳提面命更有效果。而父母的言行举止，本身就是对孩子的潜移默化和无声教育。大爱无言，大音希声，如何对孩子行"不言之教"，真的需要父母的大智慧。

一天早上，欣茹在吃早餐的时候，把牛奶倒在了小椅子上。因为她喜欢玩水，所以妈妈猜她可能又在胡闹了。当时，妈妈真的想狠狠批评欣茹一顿，但当时她正在思考一个问题，便没作声。妈妈一句话没说，又倒了一杯牛奶给欣茹，并同时递给她一张纸巾。欣茹抬头看了看妈妈，有点不敢相信。

牛奶喝完后，欣茹要去幼儿园了，走出家门时，欣茹忍不住说："妈妈，以后我再也不往椅子上倒牛奶了，再也不那样闹着玩了。"

妈妈并没有批评欣茹，但这份沉默却让孩子意识到自己做错了事情，并把这种心理体验转化为对自我的反省和判断，让她受到了深刻的教育。这种独特的无声的批评方式，正好为孩子提供了心理活动的契机，使孩子有机会主动地反省自己的行为，从而提高孩子的自我反省能力。

沉默是金，因为沉默，少了一些聒噪和唠叨，孩子们可能会有更多的空间进行理性思考。很多事例表明，沉默在家庭教育中有其独特的作用，如果家长能够恰当地运用沉默，就能给孩子传递丰富、难以言表的信息，起到"此时无声胜有声"的教育作用。

菲菲小时候特别不懂事，总是和妈妈顶嘴，怎么批评她都不改。

有一天，妈妈发现她的房间乱七八糟，玩具和书散落一地，脏衣服扔得到处都是。妈妈让菲菲收拾好自己的房间，可是她非但不收拾，还跟妈妈顶起嘴来。妈妈虽然生气，但并没有像从前一样批评她，反而平静地看着她，脸上没有任何表情。直到晚上，菲菲在睡觉前递给妈妈一张纸条，上面写着："妈妈，对不起，我不应该惹您生气，下次我一定好好收拾房间，请您原谅不懂事的我吧！"

妈妈很意外，没想到自己的沉默会让孩子醒悟，看着忐忑不安等待她回答的女儿，妈妈微笑着说："知错就改就是好孩子，你仍然是妈妈的好女儿。"菲菲开心地笑了起来。

从那以后，如果菲菲有什么地方做得不对，妈妈只要静静地看她，菲菲就明白妈妈的意思了。然后妈妈再告诉她哪里做得不对，应该怎么去做。慢慢地，菲菲学会了自律。

没有孩子会喜欢家长的谩骂和唠叨，他们需要的是理解和宽容。适当的"无声教育"对孩子的成长非常有意义，父母可以用沉默来代替批评，以此来培养孩子的自觉性。

有人说，真正成功的教育能让孩子不觉得你是在教育他，而是在帮助他和指导他。如果孩子意识到你是在"教育"他，那么"无声教育"就是失败的。

在中国，提到"教育"这个词，似乎大多数家长会理解为"教训"，"无声教育"正好能消除这样的错误理解。无声教育不会在孩子心中留下"教育"的痕迹，只会让他体会到父母和老师的关心，孩子拥有了爱，也会懂得去爱别人。

"润物细无声"，既然春雨可以滋润土地，那么我们的教育也能滋润孩子的心田，"无声的教育"让父母成为孩子成长道路上最好的老师。

3. 幽默式批评，孩子会更容易接受

众所周知，咖啡是苦的，而加了糖就能变得香甜。好好想想，添加了幽默的批评，不正和加了糖的咖啡一样吗？入口又甜又清新。

孩子犯错是不可避免的，家长有必要对孩子进行批评，当唠唠叨叨的说教和严厉的责备没有什么效果时，尝试幽默式批评就是明智的选择。

文燕小时候对蛋糕情有独钟。每当吃蛋糕时，嘴边儿都会沾上一圈白色的奶油，看上去像长了一圈白胡子似的。

一次，妈妈从幼儿园接文燕回家时，经过一家蛋糕店，文燕让妈妈给她买奶油蛋糕。买完蛋糕，文燕马上就想吃。

妈妈对她说，在路上吃灰尘会沾在奶油上吃进肚子里，然后在肚子里生小虫子，把肚子咬疼。可是，任妈妈怎么劝说，文燕都不听，就想立刻吃蛋糕。

这时，妈妈想起她以前吃奶油时搞笑的模样，对她说："每次你吃奶油都会把嘴巴上弄得到处是奶油，看上去像长了一圈白胡子似的。你要是现在就吃，回到家后奶奶不认

识你了怎么办？奶奶会问：'这是哪里来的白胡子老头？'你说该怎么办呢？"听到这些话，文燕联想到奶奶不认识她的场景，忍不住哈哈大笑起来，也不吵着要吃蛋糕了。

在批评中运用有趣的比喻，不仅可以使批评的氛围更加轻松，也可以使批评本身更具说服力，让孩子们更快地接受批评，纠正错误。

幽默可以创造和谐的教育情境，使尴尬的批评变得友好。更重要的是，幽默可以传达父母对孩子的尊重和信任。正如作家老舍曾经说过的："幽默者的心是热的。"幽默的父母有时会假设孩子做坏事的动机是好的，这个乐观的假设可以很好地保护孩子的自尊，并激发他们想改正错误的欲望。

诚然，严厉的批评有其独特的作用。一个孩子面对严厉的批评会低头，但有多少孩子愿意接受批评？幽默的批评有时会产生意想不到的效果。

著名演讲家海茵兹·雷曼麦曾经说过："用幽默的方式说出严肃的真理，比直截了当地提出更能为人接受。"

幽默不仅是一种艺术技巧，也是一种神奇而良好的教育手段。如果我们知道如何用幽默的方式去批评孩子，我们就可以使问题变得不那么严肃，孩子也会很容易接受批评，这对纠正错误和解决问题是非常有益的。

当然，幽默地批评孩子是不容易的，它要求父母具有一定的文化素养和良好的心理素质。

所谓文化修养，是指父母必须具有一定的教育知识。良好的心理素质，是指父母在孩子犯错后善于控制自己的冲动情绪，以宽容的态度接受孩子的错误，了解孩子的不良行为，然后冷静地引导和教育孩子。

幽默不是为了获得笑声，更不是为了开玩笑。批评孩子是一种严肃的教育行为，为了让孩子从严肃的气氛中放松下来，父母需要巧妙地运用幽默来给孩子创造快乐，让孩子在幽默中接受批评。幽默不仅能消除孩子在大人面前的恐惧和拘谨，还能让孩子在轻松的微笑中得到深刻的启迪，使亲子关系更加和谐。

4. 借助寓言故事，让孩子领会言外之意

我们都知道，举例子的好处是便于表达，同时也是一种微妙的说服技巧，能让别人很容易接受你的想法和建议。同样的，如果你能举例子来教育孩子，尤其是那些对寓言感兴趣的孩子，就很容易让孩子在听故事的过程中接受教

育，在认识错误的同时不断纠正自己的言行，达到良好的教育效果。

曹蒙读小学四年级，有些懒惰，还总是会找借口逃避责任。当他早上起床晚了，上学迟到了，老师批评他时，他总是能为自己找到一个好的借口。

曹蒙的妈妈知道，如果放纵曹蒙继续这样下去，他会逐渐习惯找借口，甚至因为自己找的借口可以应付一些事而暗自庆幸。因此，曹蒙的妈妈想出了一种方法来批评他的不良行为。

一天，曹蒙又迟到了，班主任把这件事告诉了他的妈妈，并说："曹蒙迟到了，还找各种借口，他这样不是第一次了，你应该好好批评他。"

晚上，曹蒙回家，妈妈对曹蒙说："儿子，过来，妈妈给你讲个故事。"

曹蒙特别喜欢听故事，听妈妈这么说，立马坐下安静地听。

故事是这样的：

从前，有一匹黄马。

有一次，黄马听说伯乐要去邻村选千里马，便决定去报名。但它贪睡，到中午才醒来，醒后，它急忙冲到邻近的村庄。到的时候，活动已经结束了。

伯乐安慰黄马说："今天我们已经选好了，请明天再来。"

黄马说："今天我有事才来晚了。请看看我，我是一匹稀有的马。"

伯乐帮看了看它说："你最好快点回家，你根本就不是一匹好马！"

"你错了，我是一匹好马。我跑得比任何一匹马都快。"黄马说。

"那你和我选的马来比一下吧！"伯乐说。

在比赛中，黄马没有跑几步就上气不接下气。它又给自己找借口："我今天病了，所以才会输。"

"你根本不是一匹好马，你一直在狡辩。"伯乐说。

讲完故事后，曹蒙的妈妈问他："黄马的行为好吗？"

"不，它没有说实话。"曹蒙说。

"你说得对。"曹蒙的妈妈说。

这时，曹蒙似乎意识到了自己的错误，立刻降低了声音。

妈妈继续说："如果黄马能摆脱找借口的习惯，正确对待自己的错误，并且认真改正，即使它不能成为一匹快马，也会是一匹好马。"

曹蒙明白了妈妈的话，连连点头。从那以后，曹蒙爱找借口的毛病改了很多。

孩子犯错时，如果父母直言不讳，孩子的自尊和自信就会受损；如果父母给孩子讲很严肃的道理，孩子可能无法完全理解，也就不能确切地意识到自己的错误，甚至容易产生逆反心理。此时，父母不妨用寓言来代替大道理，让孩子更快更容易地反省自己的错误。

一方面，寓言的语言幽默，情节巧妙，形象生动；另一方面，绝大多数孩子对寓言感兴趣，听起来很容易接受，也有助于父母向孩子解释问题。

我国有许多传统的寓言故事，适合批评教育儿童。例如，"坐井观天""精卫填海""塞翁失马"等都可用于普通教育。这种方法可以让精彩的故事陪伴孩子成长，让孩子在不知不觉中，在轻松愉快的氛围中，学会为人处事。

一般来说，有下面几种方法可以用故事来批评孩子：

（1）借故事人物鼓励孩子。

给听众树立榜样，是给孩子讲故事时常见的一种方式。在将寓言故事里的人与孩子进行对比的过程中，父母能够清楚地传达自己的情感和思想，所以这种方法很有吸引力。

（2）用故事人物来表达情感。

任何人讲的故事都有一定的生活或情感体验。对于一个讲故事的人来说，巧妙地将这种个人情感体验融入一个角色或情节中要比直接表达简单得多，同时也有可能将故事的意义延展开来。这种表达爱意的方式更加强烈、流畅、感人。

（3）通过对故事的评述说明道理。

有时，面对孩子所经历的事情，如果有一个相似的例子或相同类型的故事可以使用，可以将故事里的人物和孩子做对比。这样，由于对比鲜明、生动形象，往往会让孩子在不经意间得到反思的机会，接受父母的意见。

（4）通过故事的寓意来启迪心智。

人们常说，对于一些事，经历的人会很困惑，而观察的人却很清楚。对于孩子的无知和困惑，如果有针对性地使用一个哲学故事来暗示某种行为，就等于是在孩子的心中播撒了一片阳光。孩子们接受暗示要比接受直接的劝告容易得多，用寓言本身的哲学来温和地传达父母的观点，更容易对孩子起到启迪的作用。

（5）通过故事的趣味性启发孩子们。

有些寓言幽默风趣，看似滑稽可笑，但它们都是双关故事，蕴含着深刻的哲理。如果我们能把这种故事巧妙地引入叙述中，就能把我们的想法传递给孩子，从而达到让孩子印象深刻的效果。

5. 适当装"傻"，别那么较真

当孩子犯错时，指出孩子的错误并批评孩子是父母最常用的方法，他们认为这会促使孩子尽快改正错误。然而，有时这样做的效果并不好，孩子会因为父母严格的管教而生气，认为父母伤害了自己的自尊。

小凤的成绩不是很好，有一次考试，她考了全班第45名。因为害怕父母的批评，她私自把成绩单上的排名改成了第25名。

当她把成绩单递给母亲时，她的母亲首先感到了惊讶，她没想到女儿的成绩突然变得如此优秀，她以前可从未进过班级前30名。但随后，她发现排名数字有改动的痕迹，便知道小凤作假了。但小凤的妈妈没有揭穿她，而是笑着对她说："哇，小凤，想不到，你居然进步得这么快。"

说完，小凤的妈妈立刻把女儿的成绩单拿到她爸爸面前，小凤的爸爸在她妈妈的暗示下也表扬了小凤。

这让小凤有点不知所措，她没有想到父母完全没有怀疑她，她默默地站在那里，脸上带着一种复杂的表情，不知道该高兴还是该难过，也不知道是该坦白还是该继续撒谎。

第二天早上，小凤去学校前对她的父母说："爸爸妈妈，很抱歉，我昨天修改了我的成绩单。我其实在班里排第45名。"

小凤的父母听后没有责怪小凤，他们对小凤表示信任和理解，并给她鼓励和支持。

从那以后，小凤就像变了一个人似的，作业不仅按时完成，还做得特别认真。过了一段时间，小凤的妈妈从班主任那里得知她上课很专心，回答问题也很积极。在接下来的测试中，小凤在班级排第26名，小凤的父母很高兴看到女儿的成绩在提高。

事实证明，用"假装无知"的方法对待孩子的错误有时是有效的。

每个孩子都有自尊，都想给别人留下好的印象。对于一些自我认知能力比较强的孩子，如果父母管教得太严格，孩子就会觉得自己的缺点被放大了，自然会感到沮丧。家长这时毫不客气地拆穿孩子，容易刺激到孩子，不利于孩子的健康成长。

"假装糊涂"本质上是在给孩子一个机会。父母如果看出了孩子的错误，或看穿了孩子故意隐瞒的行为，但不拆穿，孩子就会真诚地感谢父母。这时，如果父母适当地表扬孩子，肯定孩子的"努力"，便可能会让孩子感到羞愧。孩子会为父母的信任和赞扬感到自责，所以他们会积极地承认和改正错误，然后用实际行动回报父母的信任和赞扬。

家长批评孩子的初衷是好的，但在教育孩子的问题上，家长有时应该"装糊涂"。

首先，当孩子犯了一些小错误时，父母应该"装糊涂"。孩子在做错事后通常会意识到自己的错误。如果事情不够大，父母不应该对此大惊小怪，这是一个很好的教育孩子的机会，你可以在轻松的氛围中处理孩子的问题，并给孩子提供建议。对于孩子的错误，父母不需要总是谈论，可以适当地"忘记"。

其次，当孩子的成绩不理想时，父母也可以"装糊涂"。孩子的学习是家长最关心的事情，如果孩子考试成绩不理想，父母可以问孩子没有取得好成绩的原因，并鼓励孩子，这比直接责骂孩子有效得多。

最后，当孩子与父母发生冲突时，父母不必特别较真，可以给自己和孩子冷静思考的时间。如果孩子顶撞父母后，父母马上就打孩子或者责骂孩子，往往会走进教育的死胡同，导致亲子关系变得僵硬。

总而言之，父母的假装糊涂其实是对孩子的极大的宽容和信任。这种"糊涂"包含着一种教育智慧，那就是更聪明地爱孩子。当然，掌握"糊涂"的程度是至关重要的。过分"装糊涂"就会变成放纵，这对教育孩子是不利的。

6. 正话反说，让孩子悟到其中道理

俗话说："有心栽花花不开，无心插柳柳成荫。"当父母有意让孩子做什么时，往往很难达到他们想要的效果，但当父母不给孩子设限，让他们自由行动时，孩子的表现往往会超出他们的期望。也就是说，给孩子"自由"，往往更容易取得良好的教育效果。

妮妮沉迷于玩布娃娃。一天，她对妈妈说："妈妈，上学真无趣。我听同学说，有人不喜欢念书就休学了，她真幸运！"

妮妮说这话的时候，她的妈妈并没有生气地批评她，而是对妮妮说："哦，你想退学在家玩娃娃？如果你真的很想那样做，妈妈可以帮助你，你想试试吗？但你必须好好想想，这是有条件的。"

妮妮笑着问："条件是什么？"

妮妮妈妈说："既然你那么羡慕那些休学的孩子，你就也休学在家好了，可以一直玩你的娃娃，你饿了可以吃饭，渴了可以喝水，累了可以休息，我都会满足你。但你

要做到几点要求，这些要求对你来说是很容易的。"

妮妮说："真的吗？快告诉我是什么要求。"

妮妮的妈妈说："从你休学开始，你不可以去学校，不可以和其他小孩子来往，不允许参加任何活动，你可以把你所有的精力都放在玩布娃娃上。但到你18岁的时候，我和爸爸将不再供养你，你需要自己养活自己。"

妮妮想了一下说："我不要，我不想成为一个只会玩布娃娃，其他什么都不会做的人。"

妮妮妈妈假装惊讶地说："嗯？妮妮，你为什么不同意呢？你不是很喜欢玩娃娃吗？妈妈在给你机会让你自己做选择，你不想抓住这次机会吗？"

妮妮说："这才不是什么机会呢，简直是折磨人。我要学习，我要读书，我要和小伙伴们玩。"

妮妮妈妈笑着说："看来你还是个懂道理的好孩子。其实，妈妈了解你想玩娃娃的欲望，但整天只知道玩娃娃，不知道学习，只会一事无成。"

当你的孩子想去做你认为不对的事情时，你可以试着满足他的需求。每个孩子都有强烈的好奇心，满足他的好奇心后可以让孩子看到结果，让他自己发现什么是对的，什么是错的。当他的行为被父母禁止，就很容易引起孩子的好奇心和想要尝试的欲望，尤其是当父母在没有任何解释的情况下下令禁止的时候。在这种情况下，孩子可能会表现得像个"叛逆者"。所以，给你的孩子多一点自由，让他有机会尝试他想做的，让孩子自己去体验，去认知，孩子就会明白父母的好意。当然，任何尝试都要掌握一定的尺度，这取决于孩子的具体行为。

7. 不妨尝试提醒式批评

我们都有这样的经历：当有人指出我们的问题时，即使他说的是对的，我们也会不开心，这其实只是面子的问题。如果同样的问题是你自己意识到的，你会立即纠正它。因此，当孩子犯错时，我们不妨从孩子的角度考虑他的感受。与其直接指出错误，不如提醒和引导孩子，让孩子自己进行反思，从而认识到自己的错误，并有意识地改正错误。

一天，张幂带着5岁的女儿杨阳去朋友家做客。淘气的杨阳爬上阿姨的床，跳上跳下。张幂问她："你觉得你这样做是有礼貌的吗？"

杨杨听了，知道妈妈在批评她，便立即停止了跳跃。

接着，张幂又对她说："现在你觉得该对阿姨说什么呢？"

杨阳眨了眨眼睛，看了妈妈几眼，赶紧从床上爬起来，对阿姨说："对不起，阿姨！"

张幂没有直接批评女儿，而是引导性地让女儿意识到自己的不对，孩子领会到了妈妈的意思，没有反驳妈妈，而是乖乖地承认错误。可以看出，提醒批评有助于孩子养成自我反省和独立思考的习惯。

孩子犯错后，直接批评会伤害孩子的自尊。而试着提醒批评，既表现了对孩子的耐心，也表现了对孩子的尊重。在孩子没有意识到一些事情的时候，一个提醒可以帮助孩子迅速集中注意力在他所做的事情上。

比如，当孩子把香蕉皮扔在地上时，家长可以不去直接批评孩子："乱扔垃圾是不对的，给我捡起来，扔进垃圾桶。"而是对孩子说："你把香蕉皮扔在地上，是故意的吗？"这样可以让孩子了解并纠正自己不好的行为。

当孩子起床后不叠被子时，父母不要批评孩子："不叠被子不是好孩子。"相反，你应该问孩子："你起床后什么时候可以把被子叠好？"这样孩子就会有叠被子的认知。

当孩子不讲卫生时，家长不要批评孩子："你怎么这么脏，不知道收拾。"可以对孩子说："妈妈今天很累，你今天体验一下做家务怎么样？"让你的孩子感到被尊重，孩子就会欣然接受你的请求。

批评的目的是让孩子意识到错误，并愿意改正错误，形成良好的行为习惯。作为家长，看到孩子犯错或多或少都会有些恼火。但也正是因为你是家长，是大人，才更应该学会理性地批评孩子，并且，你有责任去提醒与引导孩子怎样做才是对的。

第十章

游刃有余，让批评更加深入人心

1. 批评不当，应诚恳地向孩子道歉

在一个家庭中，许多父母扮演着强大的角色。在他们看来，孩子是自己的，如何批评教育是自己的事，即使自己的批评是错的，也没有必要向孩子道歉。因为他们怕丢面子，怕削弱自己在孩子心中的权威。

事实上，父母发现自己批评错了，给孩子道歉，并不会影响父母在孩子心中的形象，反而会赢得孩子的尊重。孩子会觉得父母敢于道歉，为人正直，有责任感，也能在其中学到知错就改的优秀品质。

卡耐基曾经说过："如果你是对的，就要试着温和地、巧妙地让对方同意你；如果你错了，就要迅速而热诚地承认。这要比为自己争辩有效和有趣得多。"这句话强调了在人际交往中道歉的重要性。当然，这句话在家庭教育中也是非常适用的。

徐光启的祖父通过经商致富，到他父亲徐思诚时，家道中落，以务农为生。

徐光启是徐思诚的独子，徐思诚一心想要儿子为家争光，于是让儿子潜心学习，希望他将来出人头地。

一天，老师布置了一篇文章，标题是《民莫敢不敬》。这是《论语》中的半句话，意思是老百姓对统治者不敢不敬。徐光启觉得这句话不对，写了一半写不下去，便溜进了后花园。

正在织布的母亲看到儿子没在桌前学习，便让丈夫去找。徐思诚听说儿子不认真学习，非常生气。当他发现儿子蹲在棉花地里，正全神贯注地观察棉花时，他没有马上叫他。但当他发现徐光启要伸手去摘尖顶上的嫩芽时，他忍不住叫道："光启，过来。"

徐光启不知道发生了什么事，他走到父亲面前，恭恭敬敬地问道："怎么了，父亲？"

"怎么了？你为什么不在家里好好学习，出来玩棉花？"父亲生气地说。

听了这话，徐光启笑着说："父亲，你误会了。现在快立秋了，新枝上是结不出蕾铃的，棉花已经两尺多高了，如果再让它往上分枝生长，只会浪费养分。如果把它顶上的'冲天心'摘去，省下来的养分就可以供给下面快成熟的蕾铃，这样，收获才多呢！"

徐思诚觉得儿子说得有道理，但又怀疑摘去"冲天心"会损伤棉花，便说："如果它死了，我不会原谅你的。"

徐光启向父亲解释说："我是向阿康伯学来的。阿康伯种的棉花去年比我们家的收成多。我去问他，是他告诉我摘'冲天心'的。"

徐思诚觉得自己刚才的表现被儿子衬托得很无知，令他颜面受损，便想继续批评儿子来维护他作为父亲的尊严。但他又想，明明是自己错了，为什么还要怪儿子呢？在孩子面前不愿意承认自己的错误，不但会损伤孩子的自尊心，还可能导致他将来也不承认自己的错误，甚至学会狡辩。想到这里，徐思诚当着儿子的面，检讨了自己的不对，并学着儿子的方法，也摘起了"冲天心"。

这件事让徐思诚看到了儿子对农业的兴趣，于是，他经常送儿子去地里种庄稼，这让徐光启学会了很多新的农业技术。

后来，徐光启通过刻苦学习和亲身实践成为一名科学家。他写的《农政全书》六十卷，"杂采众家，兼出独见"，成为明代农业百科全书。

父母如果犯了错误，误解或冤枉了孩子，就应该及时主动地在孩子面前承认自己的错误，并及时向孩子道歉以获得孩子的原谅。这样做不会损害父母在孩子心中的威望，反而会给孩子树立一个好的榜样。只有当孩子真正感到父母言行一致时，才会发自内心地崇拜和尊敬父母，这样父母的教育才会真正有效。

2. 跟踪到底，不要让批评流于形式

批评只是一种教育手段，最终的目标是帮助孩子完全改正错误，沿着正确的人生方向继续前进。因此，家长不应认为在批评完孩子后事情就结束了，而应该负责地对孩子采取"跟踪服务"。家长要善于观察孩子被批评后的思想和行为，注意孩子纠正错误的情况，在孩子"重复错误"时及时提醒孩子，给予孩子必要的监督和指导，以确保他能完全改正错误。

李策有丢三落四的毛病，经常玩完玩具随手一放，然后再想玩的时候就找不到了；他总是把练习本扔在沙发上，然后跑出去和朋友们玩，回来再着急地找练习本。在学习中，李策的粗心表现得更为常见，经常不是漏掉了标点符号，就是忘记写音标，算数学题也总是很马虎。

一开始，他的母亲只批评了他几句，后来看他总犯同样的错误，便又批评了他几次，但是李策的毛病一点也没有改掉。母亲意识到简单的批评对儿子没什么影响，于是她下定决心要纠正儿子的毛病。

一天，李策拿着考了79分的数学试卷回了家。妈妈看着试卷上的错题，发现大部分都是由于粗心造成的，所以她严肃地和李策说："孩子，你粗心大意的毛病要改，否则，发展下去一定会成大问题。"

李策知道自己的毛病，但也很无奈："妈妈，我知道粗心不好，但每次我都不由自主地犯同一个错误，你能告诉我该怎么改正吗？"

妈妈被这个问题难住了，想了想，对他说："以后，每次你做题，都要集中注意力，不要分心。做完题后，要仔细检查，知道吗？"

李策听了点了点头，妈妈又说："其实，不只是在学习上，在生活中有很多迹象都表明了你很粗心。所以，从今天开始，你应该严格要求自己，保持房间整洁，用完东西要记得把东西放回原位。"

在接下来的一段时间里，每当李策的妈妈发现李策不叠被子，或把东西乱放，就会提醒他去做，李策也很自觉地纠正着自己生活中不好的习惯。此外，每当李策的妈妈发现他在学习的时候听音乐，就会提醒他关掉音乐，专心学习。

功夫不负有心人，经过妈妈的监督和教育，李策粗心的问题改善了很多。

重复犯错对许多孩子来说是一个普遍的问题。一方面与孩子的年龄有关，孩子的记忆处在发育阶段，容易忘记一些事情。另一方面，当孩子第一次犯错时，父母会批评孩子，但是批评后，家长没有后续监督孩子，孩子也就不会太把这个缺点放在心上，从而导致日后重复犯错。

所以，家长应该有意识地观察、指导和监督孩子，不要批评完就完事了。当孩子有再次犯错的倾向时，应及时提醒孩子。如果孩子表现得好，家长要热情地表扬孩子改正犯错的宝贵精神，进一步巩固批评教育的良好效果。

3. 批评后，别忘了安抚孩子的情绪

父母不仅要从爱的角度去批评孩子，还要在批评之后安抚孩子，消除孩子的紧张和不安，也消除孩子的抗拒心理，让批评以一种愉快的方式结束。

杨朔已经很多年没见过妹妹了，这年，他决定带着家人回家乡，和妹妹一起过春节。杨朔的女儿欢欢4岁，很可爱，也很有礼貌，非常讨人喜欢。她比杨朔妹妹的儿子孙

臣小1岁，两个孩子很亲近，总是一起玩玩具和做游戏，大人们看着很是开心。

然而，快乐的日子里难免会有一些不愉快的小插曲，而这些插曲很多都是由孙臣引起的。

孙臣有点调皮，有点傲慢，有时会抢欢欢手上的东西。一天下午，当孙臣和欢欢在玩积木的时候，孙臣突然拿玩具打了欢欢几下，欢欢哭着跑去告诉爸爸。当时杨朔正在和妹妹聊天，杨朔妹妹听到是儿子打了欢欢，便冲着正在客厅玩积木的孙臣大喊："谁叫你打欢欢的？你是男孩子，怎么不知道让着女生？你太不懂事了，妈妈再也不喜欢你了。"

说完，杨朔的妹妹蹲下来安慰一直哭个不停的欢欢："欢欢不哭，是孙臣哥哥错了，以后我们不和他玩了。"

安抚了一会儿，欢欢停止了哭泣。杨朔便和妹妹继续聊天，并没有把批评孙臣的事情放在心上。

在吃饭的时候，孙臣没有出现在餐桌上。

杨朔妹妹疑惑地问："孙臣去哪儿了？怎么不来吃饭？"

这时，她的丈夫告诉她，孙臣在房间里，已经伤心一个下午了。

这让杨朔妹妹更加好奇了："怎么了？谁欺负他了？"

"孙臣说你不喜欢他，也不和他一起玩了，所以很伤心。"

第二天早上，孙臣仍旧没有去吃早饭，杨朔妹妹想到昨天批评孙臣的事，觉得可能是自己忽略了孩子，便去孙臣的屋子问："孙臣，你怎么不吃饭呢？"

孙臣没有说话。

杨朔妹妹继续问道："你是不是因为昨天的事情生妈妈的气了？对不起，孙臣，妈妈昨天不应该对你说那样的话。但是你确实犯了错误。"

孙臣想了想说："妈妈，我知道错了。"

然后他向妈妈眨了眨眼，问道："妈妈，我知道错了，你还喜欢我吗？"

"妈妈当然喜欢你啊！"

听到妈妈的话，孙臣的脸上露出了可爱的微笑。

在批评孩子之后，不要忘了对孩子说："妈妈（爸爸）还爱你！"要带着感情真诚地去说，不要让它看起来像是一种形式。此外，父母也应该注意孩子的情绪变化，避免对孩子有过激的行为。在批评之后，如果有必要的话，可以采取适当的方式向孩子表明为什么他会被批评，消除亲子情感上的隔阂。

4. 惩罚是教育的一种辅助手段

在生活中，很多父母对孩子的教育方式主要集中在惩罚上，比如讽刺和体罚。他们相信，只有这样孩子才能不再犯错误。其实，惩罚是一种非常消极的教育方式，不利于孩子的成长。

在家长会上，赵东的爸爸得知赵东请同学吃饭，感到既惊讶又生气，他知道家里很少给孩子零花钱，很疑惑孩子请客的钱是从哪来的。

回到家，爸爸拦住赵东，板着脸问："你请同学吃饭了吗？"

赵东听了吓得浑身发抖。

"嗯，我上次作文比赛得奖了，"赵东的声音颤抖着说道，"我的同学让我请他们吃饭，我无法拒绝。"

"你怎么那么听话？"爸爸的脸色变得更糟了。

"他们先请我吃饭了，我不好意思不回请他们。"赵东的声音有点哽咽。

"请客的钱哪里来的？"爸爸怒视着他，"我们平时没给你什么钱，你怎么有那么多钱请客？"

赵东听了爸爸的话，吓得哭了起来，断断续续地说："我、我偷……"

因为哭声，爸爸没有听到赵东后面说的话，只听到他说了"偷"字，便愤怒地举起手，准备惩罚赵东。但孩子哭得实在太伤心了，便慢慢地放下了手。

"你偷了谁的钱？你必须明白，偷窃是非常恶劣的行为。"

"我偷偷地打开存钱罐，把所有零钱都拿出来了。"赵东看到爸爸举起的手放了下来，心中的恐惧稍稍减轻了一点。

赵东的爸爸叹了口气。他知道孩子的做法是错的，但他拿的是自己的零花钱，也不算完全错。

于是，赵东的爸爸改变了自己的语气，对赵东说："孩子，你还小，请同学吃饭这种事情应该告诉爸爸妈妈，让我们出面。如果你的存钱罐里没有足够的钱，你怎么办？"

"嗯，我知道错了。我以后做什么都会告诉你的。"赵东向爸爸道歉道。

看到儿子意识到了自己的错误，赵东爸爸高兴地对赵东说："好孩子！"

从那以后，无论遇到什么问题，赵东都会和家长商量。

虽然惩罚对于一个人的成长有着重要的意义，但家长应该明白，惩罚只是教育的一种辅助手段。当一些错误的行为不断出现时，父母可以使用惩罚的方法教育孩子，但是，过度或不恰当地使用惩罚会引起孩子一系列的不良反应。

因此，建议父母们使用惩罚手段的时候，注意下面几点：

（1）惩罚孩子的前提是肯定他们，给予他们足够的尊重和信任。

每个孩子都有值得被父母表扬的优点。当父母因为孩子的不良行为而惩罚孩子时，必须在内心相信孩子是一个好孩子。同时，在惩罚孩子之前，父母需要让孩子清楚自己的想法，让孩子知道自己并不是没有价值的。

（2）平时要把对孩子的要求讲清楚。

有些父母很少和孩子谈论要求，即使他们这样做了，孩子也可能不太清楚。家长总是认为他们理解，孩子就一定会理解。但孩子就是孩子，他的理解能力与成年人的不同。因此，父母应该向孩子表明自己对孩子的要求与希望，并与孩子达成共识。这样，当孩子违反规则时，父母就可以合情合理地教育孩子，让孩子心服口服地接受惩罚。

（3）惩罚孩子前先给予孩子警告。

孩子的自控力本就不强，所以父母应该把握好惩罚的力度，在惩罚孩子之前先告诉孩子，如果他们不改正错误，他们将受到惩罚。这实际上是给了孩子一个改正错误的机会。

（4）孩子犯错后立即惩罚孩子。

父母发现孩子的一些坏习惯时，总爱对孩子说："看我回家怎么收拾你！""你等着，等你爸爸回来有你好看的！"这些话一般会对孩子产生两种影响：他们害怕得只想离开家里，或者忘记父母说的话。所以，当你发现你的孩子做错了什么事情时，应该迅速实施你的惩罚。

（5）向孩子解释惩罚的原因。

在惩罚孩子之前，你应该先告诉他不良行为对他成长的负面影响，让他明白自己为什么会受到惩罚，这将有助于他改正错误。如果孩子在不明所以的状态下受到惩罚，他就会感到很迷茫，甚至会感到很委屈。

（6）处罚应当前后一致。

如果你告诉孩子，一旦犯了错误会受到怎样的惩罚，就一定要说到做到。不要过后一时心软便得过且过，这会降低自己在孩子面前的威信。以后，孩子也会不那么在意家长说的话了。

（7）惩罚方法必须正确。

父母应该适当地选择惩罚的方法。不恰当的惩罚会给孩子的心理带来很大的伤害。父母在惩罚孩子的时候要让孩子知道你只是在惩罚他的错误行为，但他仍然是你最喜欢的孩子。

5. 批评之后，别忘了鼓励孩子

　　如果批评是针对孩子的过去，那么鼓励就是在影响孩子的未来。

　　批评过后，如果你不再关心你的孩子，即使孩子改正了错误，也不会感到开心。如果在批评孩子之后给予孩子适当的鼓励，孩子就会为自己改正了错误而感到高兴。

　　批评之后，孩子可能不会马上改正他们的错误，这是一个渐进的过程。因此，父母后续的鼓励有助于孩子彻底改正错误，也有利于孩子健康成长。

　　假期，夏天在表弟恩恩家住了一段时间。

　　有一天，夏天和恩恩玩得很开心，他们从客厅跑到厨房，再跑到浴室，光着脚在浴室里玩，之后又跑到卧室，跳到床上。

　　中午，恩恩的妈妈回到家发现家里一片狼藉，非常生气。她对恩恩说："你怎么能这么淘气？一个小男孩，把被子弄得这么脏，你丢不丢人？不要再闹了，好吗？"

　　恩恩像突然瘪了气的球，沮丧地坐在沙发上。

在接下来的日子里，恩恩一直闷闷不乐。恩恩的妈妈看到儿子这么不开心，觉得可能是前几天批评他的原因，便想着找机会鼓励一下恩恩。

一天，她看到恩恩叠了被子，便笑着对恩恩说："恩恩，你的被子叠得真整齐！你叠得真好！"过了一会儿，恩恩妈妈看到恩恩及时完成了作业，又对他说："恩恩，你的作业完成得越来越快了，继续努力啊！"

通过一系列的鼓励，恩恩的心情终于好转了，没过多久，恩恩就再次变得活泼了起来。

一个完整的批评过程不应该只有批评，而没有后续的鼓励。家长不要觉得批评完孩子就没事了，还要适时地再给孩子一些鼓励，这样有利于孩子保持轻松愉快的心情，也有利于孩子更积极地改正错误。

许多父母只是把注意力放在孩子的错误上，而没有引导孩子跳出错误的泥潭，更没有帮助孩子满怀信心地前进，这种批评可能会带来三种结果：

（1）孩子纠正了错误，但有盲目性。

当孩子被批评时，他可能只知道什么是错的，而不知道什么是对的。没有正确的目标，很容易让孩子在未来犯类似的错误。这种现象在年幼的儿童身上体现得尤为明显。

（2）孩子乖乖地改正错误，但整个人也变得很沮丧。

孩子受到父母的批评后，心里会有阴影。他只知道把头埋在错误的地方，不知道看着前面的路，而且，面对自己犯的错误会变得越来越沮丧。这样，父母的批评就会阻止孩子快乐地成长。

(3) 孩子受到批评后，产生了逆反心理。

孩子受到批评后，可能会故意和父母对着干，甚至觉得干脆错到底算了。如果父母只知道批评孩子，很容易引起孩子产生逆反的心理。在这种情况下，父母的批评对孩子是有害的。

批评和鼓励是分不开的。鼓励能使批评达到目的，批评也需要在鼓励的配合下才更有效。在批评孩子后，父母可以鼓励孩子改正错误。这样，孩子会更愿意倾听父母的批评。